JUST IN TIME

Commercial

David Balzeau
Arnaud Moulin

Vuibert

JUST IN TIME

AVANT-PROPOS

Commercial, vendeur, négociateur est un très vieux métier dont les innombrables méthodes et techniques ont évolué avec le temps et les échanges culturels. Sans avoir la prétention de vouloir tout aborder et de façon parfaite, notre souhait est de vous communiquer à travers ce livre toutes les expériences, les rencontres, les méthodes, les techniques et leurs évolutions que nous avons eu l'opportunité d'expérimenter, d'observer, d'apprécier, de rejeter ou de faire évoluer au fil du temps.

Il est assez fréquent de penser que bon nombre de commerciaux excellent dans ce métier parce qu'ils sont faits pour ça ou parce que, ayant raté leurs études, ils ne sont faits pour rien d'autre. Avec un peu de «tchache» et suffisamment d'aplomb pour glisser le pied dans l'entrebâillement d'une porte, vous étiez prédestiné à devenir commercial. Ce mode de pensée et de fonctionnement a connu son heure de gloire à une époque où le marché et le «business» le permettaient. Être «bon» suffisait; or, désormais, il faut être excellent pour réussir à percer et à se faire une place. La vente est un métier à part entière, accessible au plus grand nombre d'entre nous, mais qui demande du travail, des techniques et des connaissances pointues.

Nous vous livrons les aspects essentiels de ce qu'il sera nécessaire de travailler pour appréhender le métier de commercial. À l'aide d'objectifs précis, vous pourrez composer vous-même votre propre choix de progression et ce que vous souhaitez travailler en priorité.

La vente est encore trop peu enseignée dans les entreprises et encore trop théorique dans nos écoles. Peu de commerciaux sont préparés pour exercer le métier de la vente et tous sont lancés trop rapidement sur le terrain; c'est pourquoi nous avons écrit cet ouvrage. En y trouvant des réponses opérationnelles à vos actions quotidiennes, **Just In Time Commercial** vous guidera dans l'exercice de ce fabuleux métier qu'est le commercial.

Nous espérons que vous prendrez autant de plaisir à apprendre et à tester les méthodes fournies dans ce livre que nous avons eu à les pratiquer depuis 25 ans et à les dispenser en formation depuis plus de 20 ans.

Une pensée profonde à Daniel, qui nous a quittés avant la clôture de ce livre. On pense beaucoup à toi et tu nous manques.

Merci à notre éditrice, Caroline, ainsi qu'à Sophie pour avoir fait preuve d'encore plus de patience et de gentillesse que pour notre premier ouvrage.

Un grand merci à nos mentors dans ce métier, Christian, Gérard, Jean-Pierre, Philippe..., qui nous accompagnent et nous guident depuis de nombreuses années...

Merci à Bruno grâce à qui tout est toujours possible !

Merci à Jean-Benoît et à François de chez Open'act.

Et toujours un merci à Joselyne qui nous a embarqués dans cette aventure...

Merci à nos partenaires et clients qui nous ont fait confiance et qui contribuent à rendre notre métier passionnant.

Et, enfin, merci à Séverine et Magali, et à nos enfants; sans eux et leurs présences, ce livre n'existerait pas...

TABLE DES MATIÈRES

JUST IN **TIME,** la collection pour booster vos performances professionnelles

Pour structurer, analyser et planifier le court, moyen et long terme :

- **9 objectifs*** majeurs à atteindre
  - déclinés en **45 plans d'action*** à mettre en pratique
    - traités en **4 pages** et **10 étapes systématiques**

1 Ce que vous devez atteindre

4 Les bonnes pratiques qui guideront votre action

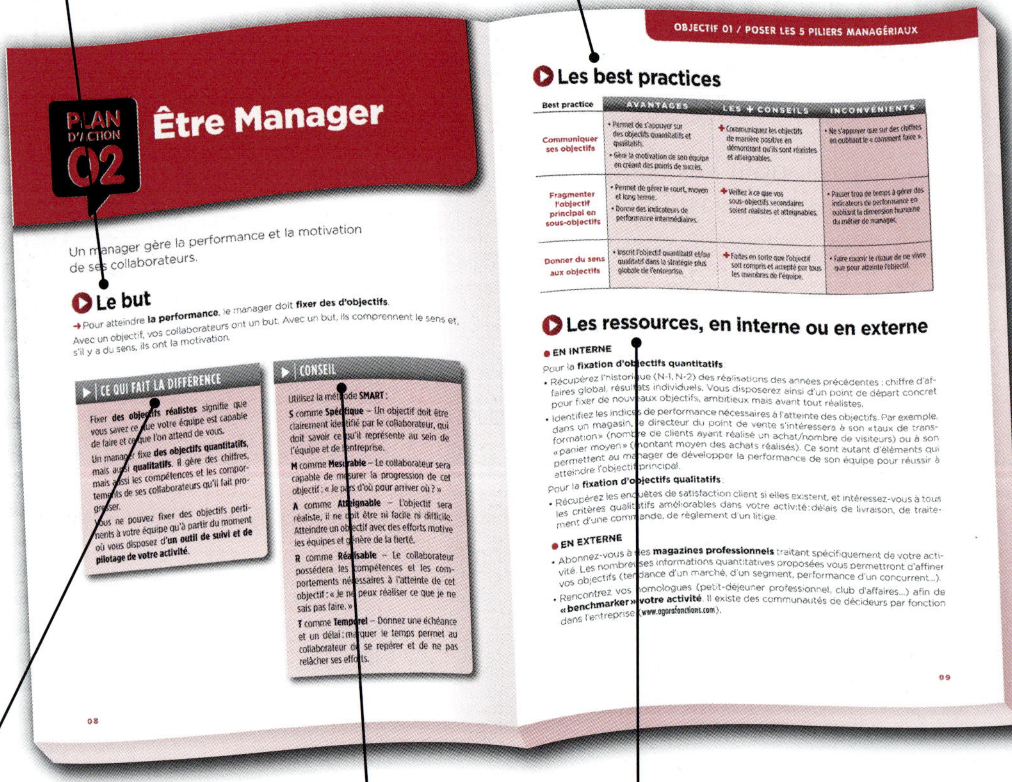

2 Ce qui favorisera le succès de votre action

5 Les moyens à votre disposition

3 Les conseils à suivre

Votre **planning personnalisable téléchargeable**

sur **www.justintime.Vuibert.fr**

(pour i-Phone, Smartphone, PC…)

6 **Les outils à mobiliser**

7 **Ce que cela coûtera**

10 **Pour une bonne anticipation de vos actions**

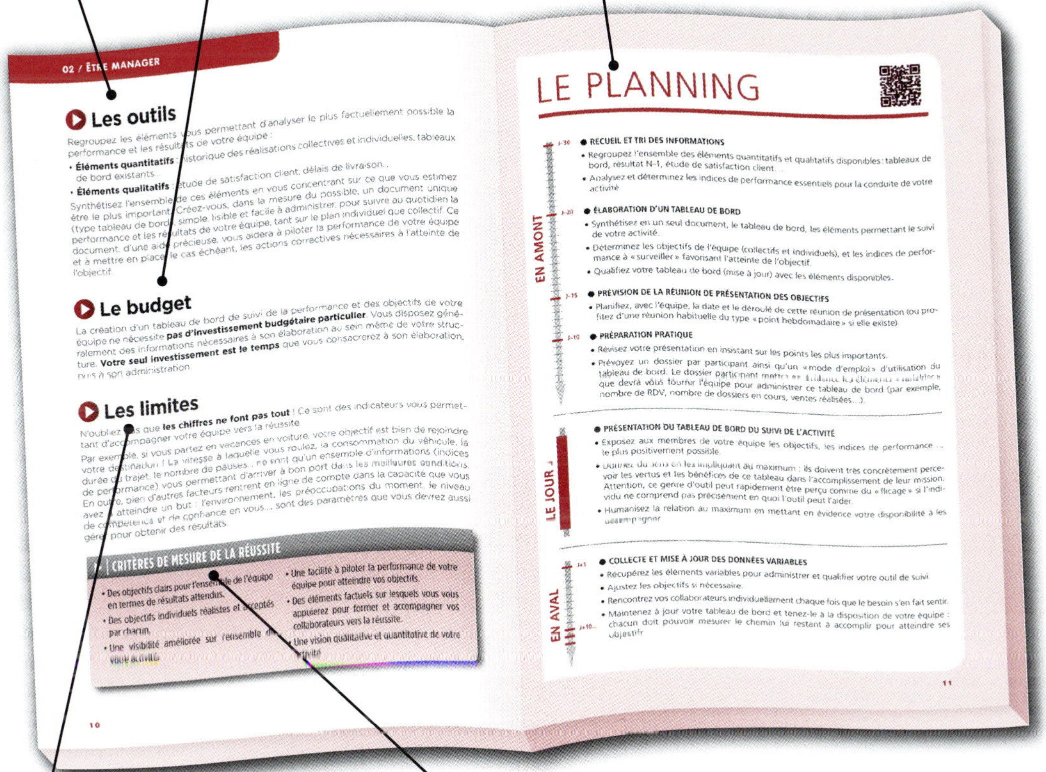
02 / ÊTRE MANAGER

Les outils

Regroupez les éléments vous permettant d'analyser le plus factuellement possible la performance et les résultats de votre équipe :

- **Éléments quantitatifs** : historique des réalisations collectives et individuelles, tableaux de bord existants…
- **Éléments qualitatifs** : étude de satisfaction client, délais de livraison…

Synthétisez l'ensemble de ces éléments en vous concentrant sur ce que vous estimez être le plus important. Créez-vous, dans la mesure du possible, un document unique (type tableau de bord), simple, lisible et facile à administrer, pour suivre au quotidien la performance et les résultats de votre équipe, tant sur le plan individuel que collectif. Ce document, d'une aide précieuse, vous aidera à piloter la performance de votre équipe et à mettre en place, le cas échéant, les actions correctives nécessaires à l'atteinte de l'objectif.

Le budget

La création d'un tableau de bord de suivi de la performance et des objectifs de votre équipe ne nécessite **pas d'investissement budgétaire particulier**. Vous disposez généralement des informations nécessaires à son élaboration au sein même de votre structure. **Votre seul investissement est le temps** que vous consacrerez à son élaboration, puis à son administration.

Les limites

N'oubliez pas que **les chiffres ne font pas tout** ! Ce sont des indicateurs vous permettant d'accompagner votre équipe vers la réussite.

Par exemple, si vous partez en vacances en voiture, votre objectif est bien de rejoindre votre destination ! La vitesse à laquelle vous roulez, la consommation du véhicule, la durée du trajet, le nombre de pauses… ne sont qu'un ensemble d'informations (indices de performance) vous permettant d'arriver à bon port dans les meilleures conditions. En outre, bien d'autres facteurs rentrent en ligne de compte dans la capacité que vous avez à atteindre un but : l'environnement, les préoccupations du moment, le niveau de compétence et de confiance en vous… sont des paramètres que vous devrez aussi gérer pour obtenir des résultats.

CRITÈRES DE MESURE DE LA RÉUSSITE

- Des objectifs clairs pour l'ensemble de l'équipe en termes de résultats attendus.
- Des objectifs individuels réalistes et acceptés par chacun.
- Une visibilité améliorée sur l'ensemble de votre activité.
- Une facilité à piloter la performance de votre équipe pour atteindre vos objectifs.
- Des éléments factuels sur lesquels vous vous appuierez pour former et accompagner vos collaborateurs vers la réussite.
- Une vision qualitative et quantitative de votre activité.

10

LE PLANNING

EN AMONT

J-30 ● RECUEIL ET TRI DES INFORMATIONS
- Regroupez l'ensemble des éléments quantitatifs et qualitatifs disponibles : tableaux de bord, résultat N-1, étude de satisfaction client…
- Analysez et déterminez les indices de performance essentiels pour la conduite de votre activité.

J-20 ● ÉLABORATION D'UN TABLEAU DE BORD
- Synthétisez en un seul document, le tableau de bord, les éléments permettant le suivi de votre activité.
- Déterminez les objectifs de l'équipe (collectifs et individuels), et les indices de performance à « surveiller » favorisant l'atteinte de l'objectif.
- Qualifiez votre tableau de bord (mise à jour) avec les éléments disponibles.

J-15 ● PRÉVISION DE LA RÉUNION DE PRÉSENTATION DES OBJECTIFS
- Planifiez, avec l'équipe, la date et le déroulé de cette réunion de présentation (ou profitez d'une réunion habituelle du type « point hebdomadaire » si elle existe).

J-10 ● PRÉPARATION PRATIQUE
- Révisez votre présentation en insistant sur les points les plus importants.
- Prévoyez un dossier par participant ainsi qu'un « mode d'emploi » d'utilisation du tableau de bord. Le dossier participant mettra [illegible] que devra vous fournir l'équipe pour administrer ce tableau de bord (par exemple, nombre de RDV, nombre de dossiers en cours, ventes réalisées…).

LE JOUR J

● PRÉSENTATION DU TABLEAU DE BORD DU SUIVI DE L'ACTIVITÉ
- Exposez aux membres de votre équipe les objectifs, les indices de performance… le plus positivement possible.
- [illegible] au maximum : ils doivent très concrètement percevoir les vertus et les bénéfices de ce tableau dans l'accomplissement de leur mission. Attention, ce genre d'outil peut rapidement être perçu comme du « flicage » si l'individu ne comprend pas précisément en quoi l'outil peut l'aider.
- Humanisez la relation au maximum en mettant en évidence votre disponibilité à les [illegible]

EN AVAL

J+1 ● COLLECTE ET MISE À JOUR DES DONNÉES VARIABLES
- Récupérez les éléments variables pour administrer et qualifier votre outil de suivi
- Ajustez les objectifs si nécessaire.
- Rencontrez vos collaborateurs individuellement chaque fois que le besoin s'en fait sentir.
- J+10… Maintenez à jour votre tableau de bord et tenez-le à la disposition de votre équipe : chacun doit pouvoir mesurer le chemin lui restant à accomplir pour atteindre ses objectifs.

11

9 **Pour mesurer l'efficacité de votre action**

8 **Pour cerner les facteurs limitant votre action**

* Ce nombre peut varier en fonction des ouvrages.

→ OBJECTIF 01

Respecter les fondamentaux de la profession de commercial

On ne naît pas commercial, **on le devient!**

Loin du stéréotype du vendeur hypercommuniquant, développer une activité commerciale nécessite de mettre en œuvre un éventail d'outils et de méthodes qui ne s'improvisent pas.

Pour réussir dans une fonction commerciale, vous allez devoir **travailler vos techniques de vente mais aussi votre «savoir-être»**, afin de renforcer **votre pouvoir de conviction** en adaptant votre comportement à chaque situation.

Votre capacité à développer votre tolérance à la frustration en apprenant à gérer vos émotions vous permettra de progresser en **tirant profit de vos échecs**.

PLAN D'ACTION 01

Le «savoir» ou l'importance de la connaissance de son métier

Le premier «savoir» du commercial est de connaître les techniques de son métier afin de les améliorer au fur et à mesure.

Le but

→ Comprendre que le commercial doit **apprendre les basiques de son métier**: connaître les techniques de vente et ses offres, structurer et préparer ses entretiens.

Tirer parti de l'expérience de ses pairs permet d'apprendre pour anticiper au mieux ses futurs entretiens de vente.

Il existe de nombreuses approches de la relation client, mais l'acte de vente répond souvent à la **même articulation stratégique**.

▶ | CE QUI FAIT LA DIFFÉRENCE

Posséder la «théorie» des techniques de vente permet au commercial de structurer sa démarche et, surtout, de se repérer pour faire progresser ses compétences.

La méthode des 5C est l'une des plus utilisées et des plus simples à retenir. Elle comporte cinq étapes, chacune étant développée individuellement:

- Le **contact** avec le client.
- La **connaissance** de celui-ci.
- L'argumentation pour le **convaincre**.
- Le verrouillage par la **conclusion**.
- La **consolidation** de la relation par la fidélisation.

▶ | CONSEIL

Même si vous vous sentez à l'aise dans la communication et la négociation, ne confondez pas avoir de la «tchatche» et vendre. La vente est un **métier à part entière avec des techniques et des méthodes**.

Les commerciaux possédant des facilités pour vendre (un «bon savoir-faire») mais manquant de théorie seront incapables de se remettre en cause, de progresser et de transmettre leurs compétences.

Cultivez-vous! Intéressez-vous aux ouvrages proposant de nouvelles approches de situation de relation client. Vous y trouverez certainement des exemples de situations qui vous semblent familières et pourrez en tirer quelques conseils, best practices, qui pourront vous aider dans votre quotidien.

Les best practices

Best practice	AVANTAGES	LES + CONSEILS	INCONVÉNIENTS
Créer le contact	• Permet de créer un environnement favorable à la vente. • Aide à la communication pour la suite de l'entretien.	+ Attachez de l'importance à la mise en relation avec votre client, elle vous permettra de faciliter les échanges par la suite.	• N'utiliser qu'une seule façon d'entrer en contact avec son client: il faut savoir l'adapter à son interlocuteur.
Connaître	• Permet d'adapter son offre aux besoins du client. • Donne une multitude d'informations qui permettront de rebondir par la suite.	+ Apprenez à différencier la connaissance des besoins de votre client (en rapport avec votre offre) de la connaissance du client (en rapport avec lui et son entreprise).	• Dériver vers la vie personnelle du client. • Passer trop de temps sur le même sujet.
Convaincre	• Donne des arguments forts en rapport avec les besoins du client et votre offre. • Permet de répondre aux objections du client en s'appuyant dessus.	+ Reprenez les mots de votre client pour présenter vos arguments, votre offre, votre produit. + Utilisez la reformulation pour une présentation plus souple.	• Jeter des arguments «techniques» sans rapport avec les attentes du client. • Faire du «par cœur». • Ne pas s'adapter.
Conclure	• Vous permet de «garder la main» et de choisir le moment de la conclusion.	+ Soyez sûr d'avoir répondu à toutes les objections de votre client avant de conclure.	• Conclure trop vite par manque d'informations ou de temps. • Laisser le client prendre la main et conclure à votre place.
Consolider	• Offre la possibilité de revoir le client. • Entame le processus de fidélisation.	+ Réfléchissez toujours au moyen de reprendre contact avec le client. Écoutez-le… Il vous en donnera toujours l'opportunité.	• Déraper sur la vie personnelle du client. • Être perçu par le client comme l'envie de revendre.

Les ressources, en interne ou en externe

● EN INTERNE

Les autres vendeurs de l'entreprise sont des ressources intéressantes de par leur expérience. Rencontrez-les, écoutez-les, sortez en clientèle avec eux et structurez votre démarche en fonction de ce qu'ils vous apportent.

N'hésitez pas à «sortir» avec plusieurs commerciaux pour comprendre le style de chacun et vous approprier les techniques qui vous «parlent» le plus.

Remettez en question vos propres méthodes, faites le tri et créez **votre propre base de connaissances**.

● EN EXTERNE

Un grand nombre d'**ouvrages** existent sur le sujet de la vente.

Sur le terrain, vous rencontrerez d'autres commerciaux, **vos concurrents**, certains plus doués que d'autres. Cherchez à les comprendre, ne restez pas sur des *a priori* ou sur des excuses: «Ses produits sont moins chers», «Ils ont de meilleures offres»… Si possible, rencontrez-les! La meilleure façon de comprendre vos concurrents, c'est d'échanger avec eux.

Le plaisir d'apprendre un vrai métier, de le comprendre, de l'adapter à votre personnalité et de le faire progresser se retrouvera en présence de vos clients.

Les outils

La pyramide inversée met en avant la nécessité de prendre le temps de créer un climat de confiance lors de la prise de contact pour pouvoir aborder les autres étapes plus simplement et plus rapidement. À l'inverse, un contact bâclé avec son client obligera le vendeur à passer beaucoup plus de temps sur les étapes de vente à venir.

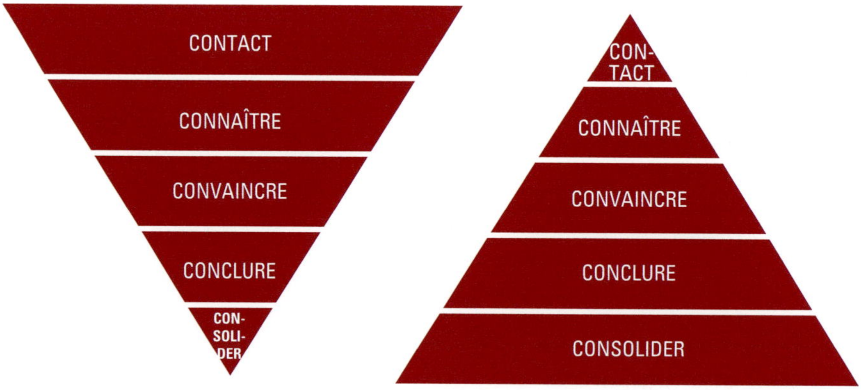

Ayez toujours sur vous **une feuille de débriefing** : à la fin de votre entretien de vente, prenez des notes pour chaque étape et évaluez-vous. Afin de vous perfectionner, notez ce que vous devez travailler dans chaque étape pour votre prochain entretien.

Le budget

La partie « savoir » de la vente est essentiellement théorique. Il faut donc puiser dans les **ressources littéraires**, ainsi que dans les **méthodes de vente distribuées en formation** pour perfectionner vos connaissances afin de les tester par la suite. Il vous en coûtera donc essentiellement l'achat de livres sur le sujet ou la participation à des formations sur la vente.

Les limites

L'aspect théorique du savoir est la principale limite. Tant que l'on n'a pas pu exercer son métier, on peut difficilement adapter les techniques et les méthodes à la réalité du terrain.

L'autre limite consiste à rester sur des **généralités émises par les méthodes**. L'exercice et la pratique du métier permettront d'adapter et de personnaliser sa façon de vendre.

CRITÈRES DE MESURE DE LA RÉUSSITE

La connaissance des méthodes doit vous permettre, en ressortant d'un entretien avec votre client, de savoir **les points ou les étapes sur lesquels vous devez travailler :**

- Êtes-vous capable de vous « repasser le film » de votre entretien et de le mettre en parallèle avec chaque étape de la vente ?
- Arrivez-vous à vous « débriefer » ? À savoir ce que vous devez perfectionner ?

LE PLANNING

EN AMONT

J–15 ● **CONNAÎTRE LES ÉTAPES DE LA VENTE**

- Apprenez chaque étape par cœur.
- Préparez une feuille avec ces 5 étapes pour débriefer vos propres ventes (réussies ou ratées).

J–10 ● **VOUS PROJETER DANS LA VENTE**

- Pour chaque étape, trouvez une façon de les utiliser face à votre client.
- Apprenez à repérer ce qui peut vous faire défaut.
- Passez plus de temps sur les étapes qui vous paraissent difficiles.

J–7 ● **CONNAÎTRE LES INDISPENSABLES POUR PRÉPARER VOTRE VENTE**

- **Contact**: trouvez une façon de vous présenter à vos clients. Faites participer vos proches pour travailler votre prise de contact, ils sont souvent de très bons critiques.
- **Connaître**: selon les offres de services ou les produits, définissez les typologies de questions qui vous permettront de bien connaître votre client.
- **Convaincre**: travaillez et apprenez par cœur vos arguments de vente. Trouvez des parallèles avec ce que peuvent attendre vos clients.
- **Conclure**: trouvez la ou les phrases qui vous permettent d'amener votre client à la conclusion de la vente.
- **Consolider**: quelle que soit l'issue de votre vente, trouvez un moyen de revoir votre client.

LE JOUR J

● **VOUS TESTER**

- **Contact**: Que devez-vous conserver ou supprimer lors de votre entrée en matière avec votre client?
- **Connaître**: Êtes-vous efficace dans la découverte de votre client? Est-ce structuré? Utilisez-vous toutes les typologies de questions (fermées, ouvertes, alternatives...)? Avez-vous reformulé?
- **Convaincre**: Vos arguments sont-ils fluides? Y a-t-il des objections qui vous ont gêné? Vous sentez-vous convainquant?
- **Conclure**: Avez-vous pu conclure? Avez-vous su garder la maîtrise de votre conclusion?
- **Consolider**: Quel relationnel avez-vous pu mettre en place avec votre client en le quittant? Quand devez-vous le revoir?

EN AVAL

J+1 ● **CORRIGER**

- **Contact**: perfectionnez votre présentation et estimez le temps que vous avez passé lors de cette étape. Repensez à votre entretien et décelez ce qui a plu ou déplu à votre client.
- **Connaître**: Les éléments que vous avez recueillis vous ont-ils permis de construire votre argumentaire ou avez-vous principalement «récité» votre découverte des besoins?
- **Convaincre**: Vos arguments étaient-ils en phase avec les attentes de votre client?
- **Conclure**: Devez-vous retravailler votre façon de conclure? Le moment où vous avez conclu était-il bien choisi?
- **Consolider**: Comment allez-vous vous projeter dans l'avenir avec votre client?

PLAN D'ACTION 02

Le «savoir-faire» ou l'importance de l'expérience

Pratiquer son métier au quotidien permet de développer l'expérience par les réussites et les échecs. Ce «savoir-faire» s'acquiert avec le temps et les rencontres.

Le but

→ Permettre par la pratique **de remettre en question, de perfectionner et de personnaliser ses méthodes et ses techniques de vente** acquises par la théorie.

Il s'agit d'apprendre à différencier ce que l'on apprend sur «les bancs de l'école» et la réalité du terrain.

Chaque acte «inné» et pratiqué dans la vente n'est pas le fruit du hasard, mais fait partie d'un processus et de méthodes existantes permettant une meilleure compréhension de sa pratique au quotidien.

▶ | CE QUI FAIT LA DIFFÉRENCE

Un vendeur capable de **faire le lien entre ce qu'il pratique et les méthodes de vente existantes** aura plus de facilités à s'améliorer avec le temps.

La vente oblige à **se remettre en question** à chaque entretien avec un client. Un vendeur incapable de le faire stagnera dans ce qu'il pense être du domaine de son possible.

Il existe quelques méthodes de vente, mais **une infinité de clients différents**. L'expérience permet une meilleure adaptabilité aux contextes particuliers et spécifiques.

▶ | CONSEIL

- **La remise en question** n'est pas la chose la plus aisée pour un individu, mais elle permet de prendre conscience de ses axes de progrès.
- Pour chaque étape de vente vue précédemment, apprenez à **vous mettre en danger** pour vous améliorer. Il n'existe pas de pires pratiques que celles ancrées dans les certitudes.
- La meilleure façon d'être créatif est de **changer de temps en temps sa façon de vendre**, puis de conserver celle qui fonctionne le mieux ou d'en faire un mix.
- Ne vous enfermez pas dans une méthode qui «marche»: faites-la **évoluer**, changez-la régulièrement.

Les best practices

Best practice	AVANTAGES	LES + CONSEILS	INCONVÉNIENTS
Créer le contact	• Fait correctement passer le message au client pour la mise en relation.	+ Entraînez-vous à la mise en relation pour montrer votre assurance au client et le rassurer.	• Toujous se présenter de la même façon.
Connaître	• Permet de développer votre aisance dans la façon de poser vos questions et de reformuler.	+ Entraînez-vous à maîtriser les différents types de questions. + Augmentez la part de reformulation pour remplacer les questions.	• Toujours conserver le même mode de questionnement. • Poser des questions sans s'assurer de leurs pertinences.
Convaincre	• Montre votre aisance et votre assurance à présenter vos arguments à votre client. • Crédibilise votre discours.	+ Détachez-vous d'une présentation trop technique ou trop littéraire pour travailler une présentation émotionnelle.	• Réciter son offre (que l'on connaît très bien). • Rester sur une présentation classique.
Conclure	• Permet d'amener la conclusion naturellement.	+ Vous devez être celui qui amène la conclusion.	• Mal présenter la conclusion. • Attendre que le client conclue pour vous.
Consolider	• Montre l'intérêt que vous portez à votre client après la vente.	+ Continuez l'échange après la vente dans le but d'assurer vos futures ventes.	• Laisser son émotionnel prendre le dessus. • Faire une consolidation trop rapide.

Les ressources, en interne ou en externe

● EN INTERNE

Là encore, **les autres commerciaux de votre entreprise** restent une très bonne source d'inspiration. Sans faire de «copier-coller» de leur pratique, ils peuvent vous aider à améliorer vos techniques et vos comportements.

N'hésitez pas à travailler sur les offres et les produits de votre entreprise pour trouver **de nouvelles solutions, de nouvelles présentations**. Apprenez à vous différencier, à sortir des sentiers battus.

● EN EXTERNE

La meilleure pratique est celle que l'on exerce **sur le terrain**, à la rencontre des clients et par la connaissance de ses concurrents.

En cas de difficulté face à un client, creusez et cherchez toujours à comprendre ce qui le bloque. Faites-le parler. Perdu pour perdu, n'hésitez pas à lui demander là où vous avez échoué, ce qui aurait changé la donne, ce que vos concurrents lui ont proposé et, surtout, la façon dont ils lui ont proposé.

En conclusion, faites-lui vivre un «vie ma vie». Comment aurait-il vendu s'il avait été à votre place?

Les outils

Les outils d'aide à la vente dispensés par votre entreprise sont un excellent moyen de faire évoluer votre pratique. Mais ils sont très souvent figés, voire obsolètes dans leur contenu ou leur proposition. Ils représentent une base de travail pour les commerciaux, mais également un carcan dans lequel la plupart des vendeurs s'enferment.

À partir des outils existants, réfléchissez à tout ce qu'il serait possible d'ajouter en matière de services, de présentation…

Le budget

Il s'agit d'un **travail essentiellement personnel**, qui ne demande pas d'investissement particulier.

Cependant, vous pouvez vous adjoindre **les services d'un coach** spécialisé dans l'activité commerciale, qui sera en mesure de vous aider à prendre le recul nécessaire sur votre métier et à progresser.

Les limites

Le problème principal rencontré par la pratique est le **complexe de l'évidence**. Le commercial qui vend « à sa manière » finit par ne plus se rendre compte des méthodes qu'il utilise et se trouve généralement dans l'incapacité d'expliquer son savoir-faire.

On a souvent tendance à penser que ce que l'on pratique aujourd'hui est simple, grâce à cette faculté d'oublier à quel point ce fût **difficile au commencement**.

De plus, il est plus facile de retenir ses ventes réussies que celles qui ont échoué. Un peu comme un joueur avec les jeux de hasard qui ne vous parlera que de ses gains et jamais de toutes les fois où il a perdu…

▶ | CRITÈRES DE MESURE DE LA RÉUSSITE

Évaluez la forme de vos techniques :

- **Pour le contact :** Comment avez-vous ressenti le « climat » renvoyé par votre client ? Votre « mise en relation » est-elle conforme à ce que vous aviez prévu ?
- **Pour la connaissance :** Avez-vous aisément découvert les besoins de votre client à l'aide de votre questionnement, de vos reformulations ?
- **Pour convaincre :** Vous êtes-vous senti piégé ? Avez-vous ressenti une gêne dans votre présentation ? Avez-vous répondu aux objections avec facilité ?
- **Pour la conclusion :** L'avez-vous menée au bon moment ? Avez-vous gardé le contrôle ?
- **Pour la consolidation :** Avez-vous su vous projeter dans l'avenir ?

LE PLANNING

EN AMONT

J–10 ● **ENTRAÎNEMENT «FAMILIAL»**

- Avec vos collègues, votre famille, vos proches, testez la forme de votre vente.
- Préparez une feuille, que vous leur donnerez, incluant la mise en situation (noms de client et d'entreprise factices, son activité, ce qu'il peut vous acheter, sa personnalité, des objections types...).
- Préparez également une feuille de débriefing (cf. plan d'action n° 1).

J–9 ● **TEST: JEU DE RÔLES**

Réalisez un jeu de rôles:

- **Contact**: évaluez le ressenti de votre «public» sur votre mise en relation.
- **Connaissance**: évaluez votre capacité à obtenir les besoins de votre client.
- **Convaincre**: évaluez votre capacité à apporter des solutions et à répondre aux objections.
- **Conclure**: évaluez le ressenti de votre «public» sur votre capacité à finaliser et à clôturer votre vente.
- **Consolider**: évaluez votre capacité à laisser l'empreinte de votre passage et votre façon de le fidéliser.

LE JOUR J

● **DANS LA RÉALITÉ**

- Il est difficile de se débriefer seul et de rester attentif à sa façon de réaliser sa vente. À vos débuts, demandez à être accompagné par un commercial confirmé.
- Si ce n'est pas possible, les moyens technologiques à notre disposition aujourd'hui procurent beaucoup de possibilités pour s'enregistrer.

EN AVAL

J+1 ● **DÉBRIEFING**

- Débriefez chaque étape de la vente avec votre «accompagnateur» ou votre enregistrement.
- Notez les points qu'il vous semble nécessaire de retravailler.
- Notez «comment» vous allez vous y prendre pour faire les modifications adéquates et l'impact qu'elles sont susceptibles d'avoir au cours de votre entretien.

J+2 ● **TEST: JEU DE RÔLES**

- Testez à nouveau, par un jeu de rôles, vos modifications, de préférence avec les mêmes personnes.
- Procédez à vos derniers ajustements et continuez ainsi pour perfectionner la forme de votre vente.

PLAN D'ACTION 03

Le «savoir-être» ou l'importance du comportemental

Le «savoir-être» permet de mettre en conformité les mots et les techniques du commercial avec son non-verbal.

Le but

→ Comprendre **l'impact de la communication non verbale** du commercial (gestuelle et intonation) et intégrer les différents facteurs qui la composent.

Apprendre à écouter les réponses de son client permet au commercial de savoir si son message a été correctement interprété.

▶ | CE QUI FAIT LA DIFFÉRENCE

Albert Mehrabian, universitaire américain, spécialiste de la communication non verbale, a découvert que l'acte de communication dépend de trois paramètres distincts:

- **Le verbal**: les mots n'expriment que 7 % de ce que nous voulons dire.
- **Le semi-verbal**: la voix, le ton, le rythme (prosodie) pèsent pour 38 %.
- **Le non-verbal**: les messages muets (gestuelle, mimiques) représentent 55 % de l'acte de communication.

Pourtant, notre maîtrise de ces moyens de communication est **inversement proportionnelle à l'impact produit**:

- Notre maîtrise des mots est grande.
- Notre maîtrise de la prosodie est moyenne.
- Notre maîtrise du non-verbal est extrêmement faible.

Essayez d'utiliser cette phrase «Bonjour, comment allez-vous?» en pensant: «Je lui dis bonjour parce que je l'apprécie», «Je lui dis bonjour en pensant à autre chose», «Je lui dis bonjour alors que je ne l'apprécie pas»...

▶ | CONSEIL

- Une mauvaise maîtrise du non-verbal par le commercial peut fausser l'interprétation du client et créer des dissonances. Apprenez à **réagir aux réponses** de votre interlocuteur et à les comprendre.
- Le cadre de référence (expérience, éducation, culture...) modifie la perception de chacun d'entre nous en agissant comme un **filtre d'interprétation**. L'écoute est la faculté de comprendre la vision de «l'autre» et nous aide à améliorer notre communication. Gardez à l'esprit que votre non-verbal (ce que vous ne voulez pas forcément montrer) est la première chose que votre interlocuteur remarquera, même si la plupart d'entre eux seront incapables de le décoder parfaitement.

Les best practices

Best practice	AVANTAGES	LES + CONSEILS	INCONVÉNIENTS
Écouter	• L'écoute est la première force en communication. Elle est primordiale pour le commercial.	+ Développez votre capacité d'écoute: cela doit être une priorité.	• Une mauvaise écoute contribue à une mauvaise interprétation. • Donner des arguments sans avoir écouter les besoins est voué à l'échec.
Communiquer	• L'intonation de votre voix permet de moduler et d'impacter différemment votre client. • La réponse de votre client définit la façon dont celui-ci a perçu votre message. • La reformulation et le questionnement permettent d'éviter une mauvaise interprétation.	+ Pour éviter toute interprétation, interrogez votre client autant que nécessaire. + Améliorez votre communication en vous concentrant sur la situation et non sur la personne. + N'oubliez pas que vos filtres (cultures, éducation…) sont différents de ceux de votre client.	Plusieurs attitudes sont à proscrire: • Penser à la place de son client. • Lui prêter des pensées qu'il n'a pas verbalisées. • Terminer ses phrases. • Utiliser une communication «ping-pong», qui revient à répondre sans réfléchir. • Parler sans écouter les réponses de son client. • Vouloir à tout prix imposer sa façon de voir les choses.
Maîtriser le non-verbal	• Votre gestuelle permet d'appuyer votre message verbal. • Tout comme les mots, le non-verbal donne de l'authenticité à vos messages.	+ Apprenez à appuyer vos arguments forts avec votre gestuelle. + Au-delà de vos gestes, restez attentif à votre posture.	• La gestuelle est difficile à contrôler. • «L'auto-identification» de la gestuelle demande beaucoup d'attention et de concentration.

Les ressources, en interne ou en externe

EN INTERNE

Comme beaucoup de sujets sur la communication, il est nécessaire d'obtenir **la vision des autres** pour progresser. C'est en échangeant avec les personnes de votre entreprise que vous serez le plus à même de faire évoluer votre mode de communication. Gardez à l'esprit que cette amélioration recherchée a un but professionnel; il ne s'agit donc pas de transformer ou de remettre en cause radicalement des années de communication personnelle.

Pour plus de facilité, apprenez à **jouer un rôle**, celui du commercial. Conservez vos forces et apprenez le texte, la posture, les gestes de ce rôle.

EN EXTERNE

Le meilleur retour que vous pouvez obtenir est celui de **votre client**. Faire preuve d'humilité et lui demander les raisons qui ont fait échouer votre vente vous aidera à grandir rapidement.

De la même façon, interrogez-le sur ce qui vous a permis de réussir, ce qui lui a plu, les raisons de son choix…

Enfin, la communication du commercial est très souvent abordée dans différents **ouvrages traitant du sujet**. Ils doivent vous aider à comprendre, vous faire progresser, mais pas changer celui ou celle que vous êtes dans la vie de tous les jours.

Les outils

Vous pouvez utiliser **une grille synthétique d'analyse d'entretien** pour identifier les différents points que vous devez renforcer.

Exemple de fiche d'évaluation

Évaluation type			
	Maîtrisé	À travailler	Non-maîtrisé
Contact avec le client: présentation, sourire, chaleur, entrée en matière, intérêt au client, gestion du stress, repérage de l'environnement, ajustement de la tension			
Connaître le client: découverte de l'entreprise, du circuit de décision, du client, des besoins spécifiques, utilisation des modes de questionnement, de la reformulation			
Convaincre le client: connaissance de son entreprise, de son client, de ses offres, de ses produits, de ses services, de son argumentation, de la réponse aux objections			
Conclure la vente: synthèse de l'entretien, présentation et validation de l'offre			
Consolider la vente: finalisation de l'entretien, fidélisation, prise de congé			

Le budget

Il n'existe **pas de budget** pour mieux communiquer, mais une mauvaise communication peut vous faire rater des affaires et donc affecter directement votre rémunération…

Les limites

Votre «savoir-être» est lié à votre passé, à votre cadre de référence, il représente ce que vous êtes aujourd'hui et la façon dont vous vous êtes construit. Sachez faire la différence entre ce qui est nécessaire à l'exercice de votre métier et ce qui ne l'est pas. Comme nous l'avons dit, il s'agit **d'endosser le «rôle» du commercial**, pas de changer sa personnalité.

On ne vous a jamais appris à sourire, mais vous avez choisi la profession de commercial? Qu'à cela ne tienne, vous allez apprendre à rendre votre présence agréable pour vos clients et à sourire. Mais, rassurez-vous, ce n'est qu'un rôle; quand vous rentrerez le soir chez vous, vous aurez tout le loisir d'être à nouveau désagréable avec votre famille…

▶ | CRITÈRES DE MESURE DE LA RÉUSSITE

Mesurer la progression de son comportement est difficile à faire seul car il est nécessaire d'avoir **un retour «après coup»**. Tenter de s'analyser pendant une vente irait à l'encontre d'un des critères fondamentaux du commercial: écouter son client.

L'idéal est de pouvoir obtenir un retour d'une tierce personne ou de s'enregistrer en vidéo (l'enregistrement audio est utile pour travailler le savoir et le savoir-faire seulement).

Les critères de réussite à analyser sont toujours les mêmes, à savoir les **5C**. Reprenez la grille d'évaluation présentée dans les outils et évaluez-vous. Concluez systématiquement par un à trois points de progression.

LE PLANNING

EN AMONT

J–15 ● **JEUX DE RÔLES**

- Réalisez une simulation d'entretien de vente avec des collègues, votre famille ou des proches. Stipulez bien que vous demandez une attention particulière au «savoir-être».
- Préparez une feuille, que vous leur donnerez, incluant la mise en situation (noms de client et d'entreprise factices, son activité, ce qu'il peut vous acheter, sa personnalité, des objections types…).
- Utilisez la grille d'évaluation présentée en outils et n'hésitez pas à la faire évoluer si nécessaire.

J–7 ● **BINÔME VENTE**

- Faites en sorte de créer un binôme de vente avec un de vos collègues et préparez-vous ensemble à ce que vous souhaitez évaluer.
- Restez constructif ensemble. La critique est aisément acceptée lorsqu'elle permet de progresser, mais elle est souvent rejetée lorsqu'elle est négative et sans solution.

J–6 ● **RÉPÉTITION**

- Recommencez autant de fois que nécessaire ces simulations pour travailler au mieux les points les plus importants. Enregistrez-vous si possible.
- Testez de nouvelles approches régulièrement et restez créatif.

LE JOUR J

● **REPRÉSENTATION**

- Réalisez votre entretien de vente normalement, en ayant pris soin de vous fixez un à trois points de progression avant de commencer.
- Restez naturel et ne vous focalisez pas sur ces points.

EN AVAL

J+1 ● **DÉBRIEFING**

- Échangez avec votre collègue sur les points de progrès que vous aviez définis.
- Prenez des notes pour formaliser votre évolution. La relecture permet de prendre conscience du chemin que vous avez parcouru et qu'il vous reste à parcourir.

J+2 ● **PROJECTION**

- Fixez-vous de nouveau un à trois axes de travail que vous pourrez faire analyser à votre prochain entretien de vente.

PLAN D'ACTION 04

Le biorythme du commercial, gérer l'échec

Un commercial doit apprendre à gérer quotidiennement ses émotions. Diverses et variées, il est nécessaire de les connaître pour apprendre à les gérer.

Le but

→ Connaître **les principales réponses émotionnelles** dues à la fonction de commercial et agissant sur son biorythme pour résister aux échecs.

Comprendre l'impact de ces émotions et leurs conséquences au quotidien donne la capacité de rebondir.

Aussi, apprendre à les gérer et à s'en servir comme une force développe votre assurance et renforce votre conviction à réussir.

▶ | CE QUI FAIT LA DIFFÉRENCE

Savoir ce qui lui fait perdre pied ou connaître ses points forts lors d'un entretien de vente permet au commercial de comprendre ce qui peut nuire à ses résultats.

Le métier de commercial impose des remises en question quotidiennes, et c'est en cela qu'il est difficile. Échouer toutes ses ventes le même jour ou la même semaine impose à **travailler sa capacité à encaisser la répétition des échecs**. Si vous savez **relativiser**, vous ferez appel à la partie cortex de votre cerveau et vous pourrez gérer «froidement» la situation. Dans le cas inverse, c'est votre émotion qui prendra le dessus, elle influencera vos entretiens à venir et vous fera basculer dans une vision négative.

Il en va de votre biorythme et de votre gestion des échecs.

▶ | CONSEIL

Le commercial est sujet à de fortes croyances susceptibles de se développer et de se renforcer avec le temps. Le manque de chance, le client qui ne m'apprécie pas, le concurrent qui a de meilleures offres, la mauvaise journée… sont tous des éléments liés à **des projections négatives issues de mauvaises expériences répétitives**. Cette croyance est également alimentée en interne par ses propres collègues.

Interrogez-vous toujours sur **l'élément rationnel de cette croyance** jusqu'à trouver une réponse factuelle. Vous n'avez pas de chance? Qu'est-ce qui vous fait penser cela? Parce que vous n'avez signé aucune affaire cette semaine? Est-ce comme cela depuis que vous faites ce métier?

Les best practices

Best practice	AVANTAGES	LES + CONSEILS	INCONVÉNIENTS
Relativiser	• Permet de passer de l'émotionnel au rationnel. • Développe la pensée factuelle.	+ Notez ce qui freine votre faculté à aller de l'avant, puis relisez-vous régulièrement afin d'en prendre conscience et de trouver des solutions.	• Donne parfois la sensation d'être froid. • Peut être agaçant pour les autres de toujours chercher une explication ou une solution à tout.
Développer des croyances positives	• Évite de partir défaitiste ou pessimiste. • Développe votre capacité à saisir les opportunités et à être créatif. • Génère du positif autour de vous.	+ Appuyez-vous sur tous vos succès et servez-vous en comme catalyseur pour aller de l'avant. + Ne laissez aucune part à la chance et expliquez-vous vos réussites rationnellement.	• Peut apparaître aux yeux des autres comme de l'optimisme forcené. • Est long à mettre en place pour inhiber les croyances négatives.
Gérer vos émotions	• Permet, au fur et à mesure du temps, de comprendre vos émotions et de les gérer.	+ Repérez les émotions négatives qui vous polluent l'esprit et apprenez à les combattre par des faits et en raisonnant.	• Peut bloquer ces émotions à force de tout rationaliser.

Les ressources, en interne ou en externe

EN INTERNE

Tout ce qui vous permettra de relativiser vos croyances négatives vous fera rebondir et vous relancera dans les affaires. **Les «books» techniques de vente** de l'entreprise, **vos propres notes** depuis que vous avez démarré, **vos indicateurs de performance** et **les indicateurs des autres commerciaux**.

Reprenez **vos objectifs** et redécoupez-les par rapport au nombre de jours qu'il vous reste à travailler. Repositionnez vos priorités en fonction de ces éléments. Mettez en œuvre l'effort nécessaire pour pouvoir les atteindre.

Certaines semaines ou mois sont plus difficiles que d'autres. Le commercial doit apprendre à **investir plus d'énergie** et faire en sorte que son temps ne soit pas utilisé de la même façon que les autres semaines ou mois pour casser la routine.

EN EXTERNE

La vente est **mathématique**: plus vous provoquez les situations de vente, plus vous rencontrez de clients, plus vous prospectez et plus vous aurez de résultats.

Lorsque vos échecs sont trop nombreux par rapport à vos réussites ou que vous ne parvenez pas à atteindre vos objectifs, interrogez-vous sur l'étape ou les étapes de la vente qui vous font défaut. Il existe toujours **une explication aux échecs** que l'on rencontre. L'important est de pouvoir les comprendre et de leur donner une signification.

Informez-vous sur **les résultats obtenus par vos collègues, vos concurrents**, mais surtout sur **la façon** dont ils les obtiennent. Cherchez et donnez du sens aux objectifs qui vous sont demandés.

Enfin, n'hésitez pas à échanger avec **vos proches** et écoutez-les. Même si leur réflexion ou proposition ne vous correspond pas, ne jetez pas l'éponge. Laissez-vous le temps d'y réfléchir.

Les outils

Entraînez-vous à l'aide des phrases suivantes à **vous interroger** et à **trouver des explications rationnelles** à vos croyances négatives et à vos échecs.

« Je n'ai pas de chance »	De quelle situation précise parlez-vous ?
« Je ne suis pas fait pour ce métier »	Répertoriez les éléments qui vous permettent de l'affirmer.
« Ce client n'a rien compris »	Que n'a-t-il pas compris ?
« Les concurrents sont moins chers »	Avez-vous listé tous les plus et les moins entre votre concurrent et vous ?
« Je n'ai que des problèmes »	Lesquels ? Sont-ils toujours les mêmes ?
« Je ne sais pas vendre »	À quelle étape de la vente commencez-vous à rencontrer des difficultés ?
« L'objectif que l'on me demande est trop élevé »	Qu'est-ce qui vous empêche de l'atteindre ? L'avez-vous découpé sur le mois ou par rapport à vos clients ? L'avez-vous mis en relation avec vos indicateurs de performance ?

Le budget

C'est un **budget temps** qu'il vous faudra car le travail que l'on réalise pour combattre ses croyances négatives est long. Ne cherchez pas systématiquement le « pourquoi » vous échouez, mais plutôt le « comment » vous pouvez réussir.

Vous pouvez également demander à votre entreprise l'accompagnement d'un **coach spécialisé** dans l'activité commerciale, il vous aidera à mieux comprendre vos émotions et à travailler sur vos succès.

Les limites

À tout vouloir positiver, le commercial peut devenir trop sûr de lui en toutes circonstances. Cette assurance peut l'empêcher de voir et de réagir à des situations inconnues et nouvelles.

Il est nécessaire de conserver **une dose de trac, de stress positif** pour déclencher de l'adrénaline. Celui qui relativise tout peut passer pour un individu qui se fiche de tout et que rien ne touche. Une phrase du type « Ce n'est pas grave si je rate cette affaire, je réussirai la prochaine » enlève toute combativité puisque l'on passe automatiquement à autre chose sans s'interroger.

CRITÈRES DE MESURE DE LA RÉUSSITE

- Avez-vous **repéré des croyances négatives** dans votre comportement de commercial ? Celles qui vous font espérer la belle affaire et qui vous font passer à côté d'une dizaine de petites ? Celles qui inhibent vos actions ? Ou qui vous font procrastiner ?
- Avez-vous senti **un changement dans votre comportement** ? Un élément sur lequel vous avez travaillé et qui vous gênait auparavant ? Qu'est-ce que cela change dans votre quotidien ?
- Parvenez-vous **à relativiser** ? À trouvez des explications rationnelles ? Vous posez-vous suffisamment de questions ? Êtes-vous en mesure de positionner votre échec dans une étape précise des 5C ?

LE PLANNING

EN AMONT

J–15 ● **ÉTAT DES LIEUX**

- Repérez toutes les situations susceptibles de générer du stress, de l'émotion avant ou durant la vente, ainsi que vos croyances négatives.
- Notez celles-ci pour mieux les identifier et les visualiser.

J–12 ● **FORMALISATION**

- Trouvez des solutions ou faites-vous aider pour en trouver, et formalisez-les. Indiquez également comment vous allez vous y prendre pour les mettre en place.
- Travaillez chaque point un par un et ne passez au suivant que lorsque vous obtenez satisfaction.

J–10 ● **PLANIFICATION**

- Planifiez votre progression chaque jour pendant une semaine, puis une fois par semaine.

LE JOUR J

● **APPROPRIATION**

- Appliquez les axes correctifs dès que vous ressentez une situation qui vous freine, vous stresse ou vous fait basculer dans l'émotion. Pour cela, reprenez vos notes et relisez-les avant d'effectuer toutes actions.
- Imposez-vous de suivre vos propres prérogatives.

EN AVAL

J+1 ● **CORRECTION**

- Indiquez en marge de vos notes votre succès et comment vous avez réussi à l'obtenir.
- Indiquez également en marge de vos notes vos échecs, les raisons et ce que vous auriez pu ou auriez dû faire.

J+7 ● **VICTOIRES**

- Accumulez un maximum de victoires sur vos axes de progrès et ne relâchez pas votre attention ni vos efforts pour ancrer votre réussite jusqu'à ce qu'elle devienne un automatisme.

PLAN D'ACTION 05

L'environnement concurrentiel

Il est important d'identifier et de découvrir ses concurrents directs ou indirects. Bien les connaître, c'est avoir un coup d'avance face à ses clients.

Le but

→ Posséder les **critères d'analyse de ses concurrents** afin d'anticiper leur proposition à vos clients et de conserver l'avantage.

Savoir **analyser vos concurrents directs et indirects** possibles évite une perte de résultats et permet d'avoir une vision d'ensemble pour réaliser vos offres.

Pouvoir présenter vos produits et vos services en connaissant les critères de la concurrence susceptibles d'apparaître comme une objection (prix, services, paiement, qualité…) est un atout à ne pas négliger.

CE QUI FAIT LA DIFFÉRENCE

Un commercial qui connaît ses concurrents n'aura aucun mal à **répondre aux objections de ses clients** lorsque ceux-ci y font allusion au cours de l'entretien («J'ai trouvé moins cher ailleurs…», «On me livre gratuitement…», etc.).

Cette connaissance laissera transparaître **votre assurance et votre sérieux** aux yeux des clients. Vous pourrez également éviter les clients qui cherchent à vous mener en bateau en faisant miroiter ce que votre concurrent peut leur offrir, alors que ce n'est pas le cas.

Il ne faut pas hésiter à informer sur le fonctionnement de votre concurrent, mais sans **jamais le dénigrer**. Plus vous accumulerez d'informations, plus vous saurez quoi dire et comment le dire.

CONSEIL

- Recherchez **un maximum d'informations sur vos concurrents** (sur l'entreprise, ses offres, ses services et les hommes) et faites-en une liste exhaustive. Mettez en parallèle tous les éléments que vous avez recueillis avec votre propre entreprise et ce qu'elle propose. Il vous en coûtera un peu de temps, mais il se transformera rapidement en argent car vous serez mieux armé pour faire face au marché que vous souhaitez conquérir.
- Il existe toujours **des failles** que vous pourrez exploiter intelligemment. L'idéal est que le client s'en rende compte sans que vous les lui disiez, mais en les lui faisant deviner…
- Restez **factuel** et ne portez jamais de jugement.

Les best practices

Best practice	AVANTAGES	LES + CONSEILS	INCONVÉNIENTS
Les informations sur l'entreprise concurrente	• Permettent de connaître la mécanique de fonctionnement de votre concurrent (livraison, comptabilité, organisation commerciale, direction…).	+ Restez à l'affût de toutes les informations que vous pourrez obtenir sur le terrain. + Notez-les et échangez avec vos collègues.	• Peuvent changer régulièrement selon la politique d'entreprise. • Nécessitent un travail de recueil régulier.
Les informations sur les offres concurrentes	• Permettent d'anticiper les objections de votre client sur la qualité, les prix…	+ Avec le temps, vous devez pouvoir obtenir les marges de négociation de vos concurrents et ce qu'elles impliquent pour le client.	• Ne constituent qu'une première information et manquent parfois de fiabilité. • Bougent selon les contextes et les clients.
Les informations sur les services concurrents	• Permettent de savoir si les engagements de service sont bien respectés par votre concurrent.	+ La bataille a souvent lieu sur les prix. Les services sont «donnés», alors qu'ils ont un coût, surtout lorsqu'ils sont correctement appliqués. Sachez les vendre et leur donner de la valeur.	• Sont difficiles à apprécier, notamment leur contenu exact et leur respect par le concurrent. • Varient selon la pertinence du commercial qui les présente.
Les informations sur les hommes concurrents	• Permettent d'adapter votre façon de vendre au sérieux du commercial concurrent. • Constituent la meilleure faille de votre concurrent ou son atout majeur.	+ Apprenez à connaître les méthodes des autres commerciaux pour mieux vous préparer.	• Dépendent de la personnalité du concurrent. • Revêtent une charge émotionnelle qui peut changer la donne.

Les ressources, en interne ou en externe

EN INTERNE

La situation idéale est de posséder **une base de données** créée par votre entreprise et de la mettre à jour régulièrement. Très souvent, celle-ci possède des informations sur ses clients, ses offres et ses services, mais rarement sur ses concurrents…

Vos collègues commerciaux, mais aussi votre service logistique et marketing possèdent des informations susceptibles de vous intéresser. La **communication en interne** n'est pas toujours l'élément le mieux utilisé ou maîtrisé par les entreprises. L'enclavement, la rétention d'informations et le «chacun chez soi» ne favorisent pas à être la plus compétitrice sur son marché.

Votre premier concurrent ne se situe peut-être pas en externe…

EN EXTERNE

Le **site Internet de l'entreprise concurrente** est votre principale source d'informations. Vous y trouverez, la plupart du temps, un grand nombre d'informations (politique commerciale, politique de recrutement, implantations, taille, organigramme, produits et compétences…).

Les **sites d'informations financières** vous permettent de valider la solvabilité de vos prospects. Par exemple: **http://www.score3.fr** ou **http://www.societe.com**.

Bien entendu, récupérez toutes les informations que vous pourrez sur **le terrain**, directement auprès de vos clients (tarifs, services, découpage géographique, plaquettes commerciales…).

Les outils

Une **matrice de recherche** peut vous permettre de déterminer les premiers éléments nécessaires à la construction de votre base de données sur vos concurrents.

La matrice de recherche

L'entreprise concurrente	Les offres concurrentes
Est-elle réactive au marché? Quelle image a-t-elle auprès des clients? Existe-t-elle depuis longtemps? Qui la dirige?	Sont-elles novatrices? Sont-elles respectées? Quelle est la qualité des produits?
Les services concurrents	**Les hommes concurrents**
Les délais sont-ils respectés? Quelles sont les conditions de paiement? Quelle est la réactivité du service après-vente? Les services sont-ils valorisés?	Sont-ils présents sur le terrain? Sont-ils formés? Expérimentés? Visitent-ils régulièrement leurs clients? Y a-t-il du turn-over? À quelle fréquence?

Améliorez cette matrice au quotidien et tenez-la à jour. Plus vous connaîtrez vos concurrents, plus vos arguments seront aiguisés.

Le budget

Il est possible de réaliser cette base de données avec un classeur et du papier, mais il est fortement conseillé d'investir dans **un logiciel informatique** de type Access ou similaire pour les plus basiques. Cet investissement permet de créer une véritable **base de connaissances et d'histoire de votre entreprise**. Sa valeur deviendra incomparable en rapport à ce qu'elle vous aura coûté au départ.

Les limites

Il n'est pas aisé d'obtenir des informations sur ses concurrents, et cela représente un travail de longue haleine et de patience.

Il est impératif de ne conserver que **les éléments factuels**. Même s'il est tentant de vouloir croire les «on-dit», basés principalement sur des jugements ou des opinions, ils peuvent vous induire en erreur et sont parfois même volontairement utilisés pour vous lancer sur de fausses pistes.

CRITÈRES DE MESURE DE LA RÉUSSITE

Les informations recueillies sur vos concurrents doivent devenir un véritable **outil d'aide à la vente**. Lorsque vous êtes amené à traiter une affaire et que votre connaissance vous permet d'anticiper les actions et réactions de vos concurrents, vous pouvez considérer ce critère comme une réussite.

D'autre part, ce travail demande **une mise à jour régulière**. Celle-ci doit évoluer avec le temps car les offres, les entreprises et les hommes n'arrêtent pas leur capacité d'innovation. Si vous n'obtenez plus d'informations sur le terrain, interrogez-vous sur les raisons. Est-ce vous qui n'y prêtez plus attention ou votre concurrent qui fait en sorte que vous n'en obteniez plus?

LE PLANNING

EN AMONT

J–40 ● **RECHERCHE**

- Organisez et préparez les critères que vous allez utiliser pour construire votre base de données.
- Réalisez votre base de données avec, au minimum, des critères correspondant à quatre thématiques (les entreprises, leurs offres, leurs services et les hommes importants qui les constituent).

J–30 ● **FORMALISME**

- Intégrez toutes les informations que vous avez pu recueillir dans votre base de données. Faites participer toutes les personnes de votre entreprise, ainsi que les services qui ne sont pas directement liés à votre activité de commercial (service comptabilité, marketing, livraison...).

J–10 ● **RECOUPEMENT**

- Triez les informations, recoupez-les en fonction de leurs sources et utilisez un système de notation selon leurs pertinences.

LE JOUR J

● **CONTRÔLE**

- Sortez les fiches concernant les concurrents susceptibles de rencontrer votre client et analysez-les avant de démarrer votre vente.
- Profitez de votre entretien de vente chez le client pour vérifier les informations que vous avez recueillies préalablement
- Intéressez-vous aux informations que votre client vous donne sur vos concurrents et creusez en ce sens.

EN AVAL

J+1 ● **MISE À JOUR**

- Effectuez une mise à jour des informations recueillies sur vos concurrents le plus tôt possible.

J+3 ● **TRANSMISSION**

- Transmettez ces informations à vos collègues et à votre direction afin d'initier une dynamique d'échanges au sein de votre entreprise.

J+5 ● **REMERCIEMENTS**

- Pensez à remercier les personnes qui vous ont fourni des informations pertinentes et qui vous ont aidé lors de votre entretien commercial. Vous générerez l'envie auprès de toutes les personnes de votre entreprise de vous communiquer encore plus d'informations.

→ OBJECTIF 02

Organiser son action commerciale

Développer **une bonne connaissance du tissu socio-économique de votre secteur** est un paramètre important que vous devez cultiver pour détecter de nouvelles opportunités.

Un secteur est une entité «vivante» en mutation permanente. Une nouvelle entreprise s'installe dans votre région, une zone d'activité se développe en périphérie d'une ville de votre secteur, **soyez le premier à faire savoir que vous existez!**

Organiser et structurer vos actions de prospection vous permettra d'**alimenter en permanence votre portefeuille client**. En effet, la durée de vie d'un client étant en moyenne de cinq ans, vos clients «actifs» ne peuvent à eux seuls vous garantir l'atteinte de vos objectifs de chiffre d'affaires. C'est par la recherche permanente de nouveaux prospects que vous assurerez **un réel développement de votre activité** dans la durée et de façon pérenne.

PLAN D'ACTION 06

Cibler et organiser

Le ciblage des prospects permet au commercial de gérer son temps et d'organiser au mieux sa future prospection.

Le but

→ Gagner en précision sur ses futurs rendez-vous pour **éviter une déperdition d'énergie et des déplacements inutiles**.

Identifier les sources et les outils adéquats est un préalable à la mise en place de son **fichier de prospection**, qu'il faudra apprendre à **«scorer»**.

Approvisionner régulièrement le fichier source de nouvelles informations permettra de le rendre plus pertinent avec le temps.

▶ | CE QUI FAIT LA DIFFÉRENCE

Il n'est pas aisé, pour un commercial, d'**organiser son ciblage**, d'autant que ce n'est pas sa fonction première. En revanche, celui qui part en prospection au hasard a de fortes chances de gaspiller son énergie et d'avoir des baisses de moral fréquentes.

Savoir où l'on va durant sa semaine de prospection, en ayant **ciblé les prospects les plus intéressants**, permet d'être efficient dans la gestion de sa prospection et fait la différence, même si vous débutez dans le métier, avec les commerciaux qui organisent les visites de leurs prospects en fonction du vent…

▶ | CONSEIL

Selon les produits ou services que vous vendez, **définissez vos cibles sur une échelle de 1 à 3**; 1 étant les prospects susceptibles d'être les plus intéressés par votre entreprise, 3 étant les plus improbables.

Sur une carte, **tracez des cercles de plus en plus larges** autour de votre position (selon votre secteur et le réseau routier). Nommez-les de A à C (ou D ou E selon la taille de votre secteur).

Organisez vos rendez-vous sur vos cibles 1A, puis 1B, etc. Les cibles 2 et 3 seront utilisées lorsque vous aurez écumé les 1.

Vous ferez certes plus de trajet pour rendre visite à vos prospects 1C que pour vos 3A (plus proches), mais la probabilité de faire une affaire est beaucoup plus importante sur vos cibles 1.

Que préférez-vous? Rencontrer deux prospects avec 50 à 60 % de chances de concrétiser vos ventes ou en rencontrer cinq avec 10 % de chances?

Les best practices

Best practice	AVANTAGES	LES + CONSEILS	INCONVÉNIENTS
Définir les sources de ciblage	• Répertorie les cibles potentielles dans votre secteur géographique et en lien avec votre métier. • Permet d'avoir une meilleure vision de votre potentiel «affaires».	+ Prenez le temps de faire le recensement de vos prospects dans votre secteur. Votre efficacité future en dépend.	• Demande un travail de recherche important avec une structure de travail obligatoire dès le départ.
Définir les outils de ciblage	• Permet de référencer plus aisément vos cibles et de les tenir à jour. • Apporte de la méthode et de l'organisation.	+ Choisissez bien vos outils (informatiques ou papier) pour démarrer; il sera difficile d'en changer par la suite.	• Nécessite un choix pertinent des outils utilisés pour l'avenir. • Rend difficile le changement d'outils en cours de route.
Organiser vos cibles	• Permet de gagner en rapidité, en gain d'énergie et en efficacité de déplacement.	+ Organisez vos déplacements de façon efficace et pas seulement par rapport à la distance.	• Oblige à combattre ses habitudes ou à opter pour les solutions de facilité (par exemple, prendre RDV au plus près de son entreprise même si les chances de vendre sont faibles…).
Mettre à jour vos cibles	• Offre un gain de temps par une mise à jour quotidienne. • Permet d'avoir une source d'informations pertinente.	+ Entretenez votre fichier de prospection régulièrement en le mettant à jour. Imposez-vous un jour dans la semaine ou une heure précise (le matin, par exemple, avant de démarrer votre activité).	• Demande de la rigueur. • N'autorise pas la procrastination.

Les ressources, en interne ou en externe

EN INTERNE

L'idéal est que votre entreprise possède un **logiciel de prospection** afin de faciliter votre démarche de démarrage. Si tel n'est pas le cas, utilisez un **logiciel de type tableur** (Excel…) ou **de base de données** (Access…). Si vous n'êtes pas à l'aise avec ces outils, optez pour une feuille de papier et un **classeur avec intercalaires** pour commencer votre travail d'organisation de vos cibles.

Utilisez toutes les informations existantes dans votre entreprise pour commencer à remplir votre fichier de prospection.

EN EXTERNE

Les sources permettant de définir vos cibles sont nombreuses. Elles commencent par les **Pages jaunes** (**www.pagesjaunes.fr**), que vous pouvez approfondir avec **www.societe.com**. Celles-ci représentent une mise en place peu onéreuse.

Pour des informations plus poussées, vous pouvez faire appel aux services de **sociétés spécialisées dans le marketing direct et le datamining**. Par exemple, La Poste est en mesure de vous fournir un démarrage efficace et géolocalisé. Ces solutions sont bien évidemment plus coûteuses, mais plus rapides et plus complètes dès le départ.

Les outils

Voici quelques **exemples de «scoring»** que vous pouvez intégrer dans chacune de vos fiches de prospection:

Taille de l'entreprise	Petite = 0	Moyenne = 1	Grande = 2
Potentiel de CA	Minime = 0	Moyen = 1	Important = 2
Circuit de décision	Nombreux = 0	2 interlocuteurs = 1	1 interlocuteur = 2
Présence concurrence	Importante = 0	Courante = 1	Faible = 2
Relationnel décisionnaire	Aucun = 0	Déjà rencontré = 1	Bonne connaissance = 2

Intégrez une note maximum (sur 10, sur 20...) et orientez vos futures actions sur vos prospects les plus intéressants.

Le budget

Un **budget temps** si vous faites tout vous-même (création de la base de données et mise à jour de celle-ci).

Un **budget financier** selon les formules que vous choisirez pour récupérer des données *via* des entreprises spécialisées en la matière, ainsi que pour l'achat d'un logiciel spécifique à la gestion de votre prospection.

Les limites

Ce type de mise en place peut très rapidement devenir **une «usine à gaz»** car l'on peut tout scorer et intégrer des masses d'informations. Prenez la mesure de ce qui vous est vraiment utile et nécessaire et écartez le reste. Dans le cas contraire, vos outils peuvent très vite devenir une contrainte et vous finirez par ne plus les utiliser.

En outre, un scoring reste une appréciation de la situation, **un indicateur de la potentialité de votre réussite**. N'hésitez pas à l'améliorer avec le temps pour que celui-ci soit le plus juste possible et corresponde à vos attentes.

CRITÈRES DE MESURE DE LA RÉUSSITE

- Les résultats obtenus grâce à votre scoring, le temps gagné, le ratio de vos indicateurs commerciaux «au vert» sont les éléments d'**un outil adapté à votre métier** et une réussite de votre prospection.
- Interrogez-vous régulièrement sur **l'efficacité de votre base de données**. Ne restez pas sur vos acquis même si cela fonctionne correctement.
- **L'anticipation et l'innovation** vous permettront de toujours conserver un train d'avance sur vos concurrents.

LE PLANNING

EN AMONT

J–60 **● RECHERCHER LES CIBLES**

- Utilisez les fichiers disponibles *via* les Pages jaunes et **societe.com**. Faites une première extraction de vos cibles potentielles.
- Approfondissez, si nécessaire, en faisant appel à des sociétés spécialisées dans ces domaines. Vous les trouverez aisément sur Internet.

J–50 **● ENREGISTRER LES INFORMATIONS**

- Entrez vos données sur votre base de données en prenant soin de ne pas faire d'erreur (nom, numéro de téléphone, adresse…). Il est compliqué de retrouver une information erronée.

J–40 **● SCORER LES PROSPECTS**

- Utilisez un système de scoring adapté à votre activité et à vos besoins (voir l'exemple donné en conseil).

J–30 **● DÉFINIR VOS PRIORITÉS**

- À partir de votre scoring, situez vos priorités en termes de chiffre d'affaires potentiel, facilité de rendez-vous et rapidité de déplacement.
- Préparez votre prospection téléphonique (cf. plan d'action 7).

LE JOUR J

● CONTRÔLER LES INFORMATIONS

- Profitez de vos déplacements pour obtenir de plus amples informations sur le terrain.
- Lors de votre rendez-vous, posez suffisamment de questions qui vous permettront d'enrichir votre base de données et, surtout, d'engendrer des possibilités de nouvelles affaires.

EN AVAL

J+1 **● METTRE À JOUR**

- Mettez à jour le plus rapidement possible votre base de données avec les nouvelles informations recueillies (le soir même ou le lendemain est idéal).
- Vérifiez votre scoring pour en extraire les nouvelles informations.

PLAN D'ACTION 07

Prospecter par téléphone

La prise de rendez-vous téléphonique est un métier à part entière et répond à des règles spécifiques permettant d'être efficace.

Le but

→ Appréhender l'outil téléphonique comme un **véritable allié de son succès de prospection** pour en faire un atout indéniable.

Savoir faire une prospection téléphonique est un **incontournable** pour les commerciaux, même si l'entreprise utilise les services de professionnels pour prendre ses rendez-vous.

▶ | CE QUI FAIT LA DIFFÉRENCE

Même si un grand nombre d'entreprises utilisent les services de sociétés spécialisées dans la prospection téléphonique, un commercial doit savoir utiliser cet outil pour deux raisons qui feront demain la différence:

- L'entreprise choisit de ne plus faire appel à une société extérieure et demande à ses commerciaux de **prendre eux-mêmes leurs rendez-vous**.
- L'entreprise ne fait pas appel à une société spécialisée et embauche des commerciaux **capables de prospecter par eux-mêmes**.

Les marchés, l'économie, les concurrents et les clients sont en perpétuel changement. Dans ce cadre, un commercial ayant non seulement la capacité d'organiser sa prospection, mais aussi de prendre ses rendez-vous fera toute la différence pour une entreprise et sur le **terrain de la réussite**.

▶ | CONSEIL

N'entrecoupez pas votre prospection téléphonique par des pauses trop fréquentes. Passez **au minimum trente minutes à téléphoner** sans interruption.

La prospection téléphonique se déroule en cinq phases:

- **L'organisation de la prospection.** Elle est déterminée par l'environnement d'appel (au calme de préférence) et le temps (une à deux fois deux heures dans la semaine est un minimum).
- **Les outils de suivi.** Ils permettent d'organiser votre action de prospection et de suivre les appels pour en ressortir des indicateurs.
- **La prospection.** Les appels eux-mêmes bénéficient de techniques pour obtenir un maximum de rendez-vous.
- **La planification de votre agenda.** Elle permet d'organiser vos rendez-vous de façon efficace et rentable (la gestion de votre secteur entre autres…).
- **La mise à jour du fichier.** Elle permet sa qualification de plus en plus précise.

Les best practices

Best practice	AVANTAGES	LES + CONSEILS	INCONVÉNIENTS
Organiser votre prospection	• Permet la mise en place d'actions régulières et efficaces chaque semaine. • Permet de préparer efficacement vos appels téléphoniques (argumentaire, lieu, tableau de suivi, fiche de prospection…).	+ L'environnement dans lequel vous passez vos appels téléphoniques est important. Soyez sûr de pouvoir le faire en toute tranquillité. + Préparez un canevas de réponses aux objections les plus fréquentes pour ne pas être surpris lors de votre entretien téléphonique.	• Demande de la rigueur pour rester régulier dans ses actions. • Nécessite une présence «bureau» d'environ deux heures deux fois dans la semaine.
Prendre vos rendez-vous	• Entraîne à la relation téléphonique. • Permet de garder la main sur la gestion de votre agenda. • Donne une visibilité des difficultés rencontrées. • Permet de cibler au mieux vos actions.	+ Prenez vous-même vos rendez-vous de façon à garder une visibilité sur votre marché. Vous pouvez ainsi vous rendre compte des difficultés rencontrées. + Adaptez votre argumentaire et vos réponses aux objections avec le temps et l'expérience.	• Nécessite de savoir gérer ses baisses de motivation. • Demande de la pugnacité. • Diminue le temps consacré au terrain.
Utiliser des indicateurs	• Permet de suivre efficacement les résultats de la prospection. • Donne des indications sur les actions à entreprendre. • Permet d'améliorer l'organisation de votre prospection.	+ Adaptez votre temps de prospection téléphonique en fonction des résultats de vos indicateurs. Si vous avez de très bons résultats, il faudra ralentir vos prises de rendez-vous, et inversement si vos résultats sont faibles.	• Oblige à formaliser son action en temps réel. • Peut générer de la démotivation lorsque les résultats sont faibles.

Les ressources, en interne ou en externe

EN INTERNE

L'endroit où vous réalisez votre prospection téléphonique: il doit être au calme, vous permettant d'avoir à portée de main tout ce dont vous avez besoin (outil informatique, bloc-notes, stylo…).

L'outil qui vous permet de gérer votre prospection: très peu d'entreprises sont équipées et la plupart fonctionnent encore avec des fiches papier (en dehors de sociétés spécialisées dans le marketing téléphonique). Cependant, il est nécessaire, à la fin de votre action, de répertorier vos résultats et de réaliser la mise à jour de vos données sur un fichier informatique. Il sera plus aisé de le réutiliser par la suite.

EN EXTERNE

Vous pouvez faire appel à des **entreprises spécialisées dans l'émission d'appels et la prise de rendez-vous**. Vous trouverez des tarifs à l'heure d'appels ou encore au rendez-vous pris (ces derniers sont plus rares). Il est difficile de chiffrer ces services tant les paramètres entrant en jeu sont importants (difficultés en lien avec vos produits, concurrence, marché saturé, qualification souhaitée…).

Les outils

Exemple de tableau de bord des indicateurs de prospection téléphonique

Date		Nombre de fiches prospects traités (FP)	
Nombre d'appels réalisés (AP)			
Contacts obtenus (CO)			
Ok RDV	Refus RDV	À rappeler	Documentation
Contacts non obtenus (CNO)			
Ne répond pas	Répondeur	Faux numéro	Présent mais indisponible

Faites vos **ratios** en fonction des résultats obtenus:

- Combien de personnes avez-vous eu au téléphone? CO/AP × 100
- Quel pourcentage de RDV sur les CO? Ok RDV/CO × 100
- Quel pourcentage de RDV sur le nombre de fiches prospects? Ok RDV/FP × 100

Ces indicateurs vous permettront de mieux comprendre vos résultats obtenus et, ainsi, d'organiser le temps que vous devez consacrer à votre prospection.

Le budget

En interne, le coût reste faible. Il correspond malgré tout à l'**immobilisation du commercial** et aux **coûts téléphoniques**.

En externe, renseignez-vous auprès des entreprises de télémarketing, de marketing téléphonique ou «phoning». Faites le tour et soyez attentif à l'**expérience de l'entreprise**, à sa **connaissance de vos produits/services** (a-t-elle déjà travaillé dans un secteur d'activité ressemblant au vôtre?) et à la **situation géographique de leur centre d'appels** (pour les centres installés à l'étranger, vous devez vérifier la qualité des appels émis).

Les limites

Un commercial qui réalise sa propre prospection téléphonique perd un temps non négligeable qu'il pourrait consacrer **aux rendez-vous sur le terrain** pour rencontrer ses prospects.

La prospection téléphonique est **un métier répétitif** avec des journées infructueuses; il nécessite une résistance à la frustration et à la démotivation pour obtenir des résultats.

▶ | CRITÈRES DE MESURE DE LA RÉUSSITE

Les résultats que vous obtenez en prospection téléphonique doivent être **à la mesure de vos besoins en rendez-vous** sur le terrain. Si vous avez besoin de 3 RDV par jour, soit 15 RDV par semaine, vous devez réaliser une prospection qui vous permettra d'y répondre.

Si pour obtenir 15 RDV, vous devez passer cent appels téléphoniques qui requièrent 6 heures, vous possédez vos axes de travail qui vous amèneront vers vos critères de réussite.

LE PLANNING

EN AMONT

J–9 ● **ORGANISER VOTRE PROSPECTION**

- Préparez votre fichier de prospection en gardant à l'esprit le nombre de rendez-vous qui vous est nécessaire. Vous aurez ainsi une estimation du nombre d'appels à réaliser et de temps à y consacrer.
- Organisez votre environnement pour qu'il soit le plus opérationnel possible.

J–8 ● **PRÉPARER VOTRE TABLEAU DE BORD**

- Gardez sous la main votre tableau de bord (cf. outils) et remplissez-le au fur et à mesure de votre prospection.

J–7 ● **PRÉPARER VOTRE ARGUMENTAIRE**

- Écrivez sur une feuille de papier ou sur format numérique votre argumentaire (votre phrase d'introduction et de présentation, ainsi que vos réponses aux objections possibles des prospects).
- Entraînez-vous et révisez le plus possible afin d'éviter de trop chercher les réponses aux objections lorsqu'elles se présenteront.

LE JOUR J

● **PRENDRE VOS RENDEZ-VOUS**

- Passez vos appels téléphoniques sans discontinuer, au minimum pendant trente minutes avant d'envisager une pause. Conserver un rythme est important pour gagner en efficacité.
- Utilisez votre argumentaire et vos réponses aux objections pour tous vos appels. Apprenez avec le temps à vous en détacher au fur et à mesure.

EN AVAL

J+1 ● **FAIRE LE BILAN**

- Faites le bilan de votre prospection à l'aide de votre tableau de bord et réalisez une extraction des données en pourcentage (cf. exemple en outils).
- Interrogez-vous sur ce qui peut être amélioré et sur vos objectifs. Tentez de définir les raisons de vos succès et de vos échecs.

● **ALIMENTER ET METTRE À JOUR VOTRE FICHIER**

- Intégrez dans votre fichier clients toutes les nouvelles données que vous avez pu obtenir (y compris les horaires ou les jours d'indisponibilité de vos prospects).

J+2 ● **ALIMENTER VOTRE ARGUMENTAIRE**

- Améliorez votre argumentaire en fonction des expériences que vous avez vécues au cours de votre prospection. Révisez vos réponses aux objections et perfectionnez-les.

PLAN D'ACTION 08

Les autres modes de prospection

Un commercial a à disposition un panel de modes de prospection lui permettant d'accroître son efficacité sur le terrain.

Le but

→ Permettre d'alimenter le chiffre d'affaires en **développant de nouvelles pistes**.

Connaître les différents modes de prospection possibles permet au commercial de posséder **plusieurs pistes pour développer son activité**. Les autres modes de prospection permettent de **casser la routine** et de **remettre en cause les méthodes traditionnelles**.

▶ | CE QUI FAIT LA DIFFÉRENCE

Un commercial capable de varier ses approches de prospection aura plus de chances de réaliser des affaires.

Il s'agit également, avec l'expérience, de savoir prioriser les modes de prospection qui vous font développer le plus de chiffre d'affaires:

- **La prospection organisée**. Vous avez généralement obtenu un RDV suite à une opération de prospection téléphonique, et vous organisez votre agenda en fonction de vos RDV (localisation du prospect...).
- **La prospection de suivi**. Vous visitez vos clients existants, que vous rencontrez parce que «vous passiez par là...».
- **La prospection des anciens clients**. Vous revoyez d'anciens clients que vous avez perdus.
- **La prospection «dans le dur»**. Ce sont des visites non préparées, que vous réalisez directement sur le terrain sans rendez-vous.
- **La prospection des prospects difficiles**. Il s'agit de prospects déjà contactés, mais qui avaient refusé de vous recevoir.

▶ | CONSEIL

- Développez les modes de prospection susceptibles de vous **apporter des affaires rapidement** en priorité.
- Même s'il est normal de privilégier le mode de prospection «organisée», **ne délaissez pas les autres**. Obligez-vous à en utiliser un ou deux autres par semaine.
- Chaque début de semaine, **faites le point** et interrogez-vous sur ce que vous auriez pu faire la semaine passée et, surtout, ce que vous allez mettre en place pour la semaine à venir.
- Imposez-vous, outre la prospection «organisée» qui va de soi, **une visite chez un de vos clients actuels et une visite chez un ancien client**. Par exemple, suite à un rendez-vous, profitez de l'opportunité d'être à proximité de l'un de vos clients pour lui rendre visite.

Les best practices

Best practice	AVANTAGES	LES + CONSEILS	INCONVÉNIENTS
La prospection organisée	• Fait gagner du temps en préparant votre tournée. • Cible des prospects «scorés».	+ Privilégiez ce mode de prospection en priorité; il est le plus rapide en matière de rendez-vous et le moins coûteux.	• Est souvent le seul mode de prospection utilisé par les commerciaux. • Apparaît comme plus «confortable» que les autres.
La prospection de suivi	• Donne une bonne image de votre entreprise. • Permet de faire de la revente.	+ Utilisez ce mode de prospection juste après la prospection organisée; il développe la fidélisation et permet de faire de nouvelles affaires avec vos clients.	• Impose un suivi rigoureux de son fichier clients. • Nécessite du temps dans son planning.
La prospection des anciens clients	• Créé de «bonnes surprises» en matière de vente. • Renvoie une image de combativité.	+ Laissez passer du temps avant de retourner voir un ancien client. Vous donnerez l'image d'un commercial combatif mais pas harceleur.	• Implique de s'être quitté en bons termes. • Demande une capacité à encaisser à nouveau des refus.
La prospection «dans le dur»	• Permet de combler les «trous» dans votre agenda. • Permet de rencontrer des prospects ayant refusé un rendez-vous par téléphone.	+ Utilisez ce mode de prospection de temps en temps; il permet une bonne remise en question et développe les réflexes de vente.	• Prend du temps. • Nécessite une faculté de résistance à la frustration.
La prospection des prospects difficiles	• Augmente les probabilités d'obtenir un rendez-vous supplémentaire. • Projette une image de combativité.	+ Utilisez ce type de prospection en dernier recours car il rassemble deux contraintes fortes: une visite inattendue, et un ciblage de prospects ayant déjà refusé de travailler avec vous.	• Prend du temps. • Donne des résultats souvent faibles (mais pas inexistants). • Nécessite une faculté de résistance à la frustration.

Les ressources, en interne ou en externe

● EN INTERNE

Votre **fichier clients** est la ressource principale pour développer de multiples possibilités de prospection. Il est donc impératif que celui-ci dispose de toutes vos anciennes fiches de prospects, pour pouvoir les réactiver afin de mettre en place des actions (cf. best practices).

Triez ces fiches en fonction de vos sorties terrain et **priorisez-les selon leur difficulté** en matière de réalisation d'affaires (suivez l'ordre présenté dans le tableau des best practices, du haut vers le bas, des affaires les plus réalisables au plus difficiles).

● EN EXTERNE

La **prospection dite «sauvage»** regroupe les prospections des anciens clients, «dans le dur» et des prospects difficiles. C'est un véritable potentiel d'affaires même si, au premier abord, celles-ci semblent être difficiles et chronophages. Elles doivent être utilisées dans les **moments «creux»** du commercial, lorsqu'il a du temps entre deux rendez-vous, lors d'un déplacement dans un secteur peu visité ou encore lorsqu'un rendez-vous a été annulé.

Le commercial se doit d'optimiser son temps au maximum sur le terrain et de **profiter de toutes les occasions** qui s'offrent à lui: c'est la garantie du développement de son chiffre d'affaires.

Les outils

Utilisez un outil simple pour identifier **comment se situent vos prospects/clients**. Par exemple:

Nom des prospects/clients	1	2	3	4	5

1: prospection organisée (nouveaux prospects)

2: prospection de suivi (déjà clients)

3: prospection des anciens clients (anciens clients)

4: prospection «dans le dur» (prospects identifiés sur le terrain)

5: prospection des prospects difficiles (anciens prospects)

Le budget

La prospection «organisée» est de loin la plus rentable, tant en termes de **possibilités de réaliser du chiffre d'affaires** qu'en matière de **rentabilité** grâce à l'organisation qu'elle impose.

Les autres modes de prospection peuvent être plus coûteux car moins organisés et plus aléatoires dans la démarche. C'est pour cette raison qu'il faut les utiliser comme des **ressources complémentaires** et non comme des actions prioritaires.

Les limites

Le risque de **se disperser** entre tous les modes de prospection est grand, c'est pourquoi il est important de se fixer des priorités et d'organiser ses actions.

À l'inverse, il est nécessaire d'utiliser tous les modes de prospection à sa disposition afin d'avoir **le maximum de possibilités** pour développer son activité, ce qui demande une importante organisation au commercial et une véritable capacité à s'adapter aux changements du quotidien.

CRITÈRES DE MESURE DE LA RÉUSSITE

- Vous gérez efficacement votre planning et vos déplacements en optimisant votre temps et trouvez toujours un moment pour rendre visite à un de vos clients. Cela vous a permis de **renforcer votre image** vis-à-vis de votre client et, parfois, de générer du chiffre d'affaires supplémentaire en saisissant/détectant une opportunité de revente.
- Vous avez réussi à **reprendre contact** avec d'anciens clients et à générer de nouvelles affaires.
- Vous avez, grâce à des actions de prospection directe, **identifié de nouvelles cibles** et développé ainsi votre portefeuille de prospects potentiels.

LE PLANNING

EN AMONT

J–30 ● DÉFINIR VOS MODES DE PROSPECTION

- Selon votre fichier clients, classez vos différentes possibilités de prospection.
- Prévoyez, outre la prospection «organisée», au moins deux autres types de prospection dans la semaine. Alternez de temps à autre les modes possibles.

J–8 ● ORGANISER VOTRE PROSPECTION

- Pour chaque secteur que vous allez visiter, sortez vos fiches prospects «organisées», un à deux clients existants, quatre à cinq anciens clients et une dizaine d'anciens prospects.
- Prévoyez au minimum deux à quatre rendez-vous quotidiens selon votre activité.
- Gardez-vous une à deux demi-journées pour faire de la prospection téléphonique et de l'administratif si nécessaire.
- Intégrez au moins une visite d'un client existant par semaine.
- Ajoutez également la visite d'un ancien client qui se situerait dans un secteur que vous devez visiter dans la semaine ou remplacez par plusieurs prospections «dans le dur» (plusieurs au sens où on ne sait jamais laquelle fonctionnera). N'omettez pas de tenir une fiche pour chaque rencontre faite sur le terrain, fructueuse ou non.
- S'il vous reste du temps sur votre semaine, rendez visite à vos anciens prospects difficiles pour retenter une prise de contact.

LE JOUR J

● SUIVRE VOTRE FEUILLE DE ROUTE

- Respectez votre feuille de route et vos rendez-vous prévus. Dans le cas où un rendez-vous serait annulé par un client ou par vous-même, proposez immédiatement un rendez-vous de remplacement la semaine suivante ou la semaine d'après.
- Intégrez, lors de vos déplacements, la possibilité de faire des prospections de type 3, 4 ou 5 (cf. outils).

EN AVAL

J+1 ● FAIRE LE BILAN

- Remplissez vos fiches de prospection au fur et à mesure de vos rendez-vous.

J+5 ● INTÉGRER LES DONNÉES

- Réalisez la mise à jour de votre fichier clients et prospects.

PLAN D'ACTION 09

Préparer ses indicateurs de performance

Un commercial sans indicateurs commerciaux est comme un navigateur sans boussole.

Le but

→ Comprendre le **fonctionnement des indicateurs** pour **donner du sens à ses actions sur le terrain**.

Un commercial doit être capable d'établir ses propres indicateurs commerciaux pour **suivre son activité au quotidien**. Chaque indicateur sera **relié à des comportements opérationnels** pour optimiser ses axes de progression.

CE QUI FAIT LA DIFFÉRENCE

Un commercial capable de donner du sens à ses actions et d'en interpréter les incidences aura toujours une longueur d'avance sur ses collègues. Celui qui comprend et maîtrise les indicateurs commerciaux **ne les subit pas comme une pression** et développe *a contrario* une **pertinence dans l'analyse de ses résultats** et la capacité à **se projeter vers ses objectifs**.

CONSEIL

L'utilisation d'au moins **quatre indicateurs principaux** est conseillée. L'idéal est de disposer de vos chiffres sur douze mois ainsi que ceux de N-1 pour réaliser un **comparatif**:

- **Taux de concrétisation (TC):** Nombre de contrats signés/Nombre de visites réalisées. Plus ce chiffre est bas, plus votre capacité à signer est grande.
- **Valeur moyenne de vente (VM)**: Montant total des ventes/Nombre de clients rencontrés. Dès que vous dépassez cette moyenne, vous prenez de l'avance sur la réalisation de vos objectifs.
- **Nombre de produits ou services vendus par client (NP/S)**: Nombre de produits ou services vendus/Nombre de clients. Il représente votre capacité à réaliser de multiples ventes chez vos clients. Ce ratio doit augmenter pour être représentatif.
- **Prix de vente moyen (PVM)**: Valeur moyenne de tous les produits/services que vous pouvez vendre. Dès que vous dépassez la valeur du PVM pour un produit/service, vous réalisez une montée en gamme.

Les best practices

Best practice	AVANTAGES	LES + CONSEILS	INCONVÉNIENTS
Utiliser le taux de concrétisation	• Permet de connaître votre taux de signature et donc de l'augmenter. • Permet de travailler la conclusion de la vente.	+ Calculez votre taux régulièrement pour l'améliorer (par exemple, 1 contrat pour 10 visites vous donne un ratio de 0,1. 1 contrat sur 5 vous donne 0,2, etc.). + Réfléchissez aux moyens qui vous permettent d'augmenter votre ratio.	• Ne voir que le ratio et pas ce qu'il représente (1 sur 10 donne un ratio de 0,1; mais 1 sur 9 est une très bonne progression malgré un ratio de 0,11).
Utiliser la valeur moyenne de vente	• Permet de connaître la valeur de vos ventes. • Permet de travailler la découverte des besoins ainsi que votre créativité dans la vente.	+ Identifiez la valeur moyenne sur les derniers mois ou les normes de votre entreprise pour savoir où vous vous situez. + Recherchez les moyens qui vous permettent de l'augmenter.	• Penser qu'il est impossible de faire progresser la valeur moyenne. • Entrer dans un système routinier qui définit un objectif comme étant une limite.
Utiliser le nombre de produits/ services vendus par client	• Permet de situer votre ratio de vente afin de l'améliorer. • Permet de travailler votre créativité dans la vente.	+ Utilisez les normes moyennes de vente de produits pour un client. + Travaillez votre créativité de vente pour l'améliorer.	• Présenter des produits à moindre coût pour en vendre plus (fait baisser le prix de vente moyen).
Utiliser le prix de vente moyen	• Permet d'analyser vos plus grosses ventes pour développer votre stratégie. • Permet de travailler votre montée en gamme.	+ Recherchez ce qui représente votre prix de vente moyen et interrogez-vous sur les prix de vente de vos produits les plus chers pour vous permettre de l'augmenter.	• Ne pas remettre en cause ses habitudes de vente pour diriger son client vers des produits plus chers.

Les ressources, en interne ou en externe

EN INTERNE

Utilisez les **historiques N-1 ou des mois précédents** de votre entreprise en ce qui concerne les taux de concrétisation, les valeurs moyennes de vente, le nombre de produits vendus par vente et le prix de vente moyen d'un article.

Comparez également vos résultats à ceux des **autres commerciaux de votre entreprise**. Rencontrez-les pour connaître leurs ratios et, surtout, les méthodes qui leur permettent d'atteindre les indicateurs de performance.

EN EXTERNE

Il est toujours intéressant de posséder les **comparatifs des concurrents** en matière d'indicateurs commerciaux même s'il vous faut les analyser avec prudence. En effet, ceux-ci ne correspondent pas toujours aux produits ou services que vous vendez, mais ils s'en rapprochent souvent et vous permettent d'avoir une idée de leur fonctionnement et de leur usage.

Les indicateurs sont des éléments assez compliqués à obtenir et nécessiteront très certainement d'avoir quelques contacts au sein d'autres organisations.

Les outils

Plusieurs formules vous seront utiles pour la mise en place de vos indicateurs commerciaux.

La réalisation de votre chiffre d'affaires (CA) correspond à la valeur moyenne de vos ventes multipliée par le nombre de contrats réalisés:

$$CA = TC \times VM$$

Utilisez également cette formule pour déterminer **le taux de concrétisation** ou **la valeur moyenne de vente** que vous devez réaliser.

Par exemple, vous souhaitez connaître la valeur moyenne à réaliser. Vous savez que votre CA à réaliser est de 100 000 € et que vous réalisez dix affaires par mois. La VM est donc de 100 000 €/10 = 10 000 € (le minimum à faire à chaque signature de contrat).

Analysez aussi votre **capacité à fidéliser vos clients** (nombre de clients gagnés/nombre de clients perdus). Vous y trouverez des informations importantes pour, par exemple, adapter vos efforts en termes de prospection de nouveaux clients et maintenir ainsi un volume d'affaires suffisant pour assurer l'atteinte de vos objectifs.

Le budget

Lorsque vous avez compris **la logique d'utilisation des indicateurs commerciaux**, un papier et un stylo sont suffisants pour en faire bon usage.

Des logiciels de type tableur (Excel…) peuvent également intégrer des formules automatiques pour chiffrer vos indicateurs.

Les limites

Il est possible de créer des indicateurs pour beaucoup de choses; les quatre présentés ici sont suffisants pour donner des repères concrets à un commercial. Attention à ne pas vous construire **une «usine à gaz»**. Trop d'indicateurs tuent les indicateurs…

Gardez à l'esprit qu'un indicateur n'est pas un objectif, mais **un moyen et un but** permettant d'atteindre l'objectif.

CRITÈRES DE MESURE DE LA RÉUSSITE

- Vous vous efforcez de travailler chaque indicateur pour qu'il évolue. Ne perdez pas de vue que leur finalité est de **vous aider à atteindre votre objectif**.
- Vous délaissez volontairement un indicateur si celui-ci ne vous apporte pas suffisamment de résultats ou de chiffre d'affaires. Ne courez pas après un indicateur qui vous rapporte peu.
- Vous choisissez des indicateurs pertinents et utiles, qui déterminent l'atteinte de votre objectif et donc de votre réussite.

LE PLANNING

EN AMONT

J–30 ● **OBTENIR LES INFORMATIONS**

- Récupérez les informations nécessaires à la mise en place de vos indicateurs commerciaux auprès de votre entreprise.

J–29 ● **CALCULER VOS INDICATEURS**

- Définissez les quatre indicateurs majeurs pour votre activité en partant de l'objectif que vous devez atteindre.
- Établissez le ratio pour votre taux de concrétisation.
- Évaluez la valeur moyenne de vos ventes.
- Calculez le nombre de produits/services à vendre par client.
- Définissez le prix de vente moyen de vos articles.

LE JOUR J

● **ANNOTER LES RÉSULTATS**

- Après chaque vente, notez le montant de votre vente et le nombre d'articles vendus
- Réalisez cette démarche durant toute la semaine

EN AVAL

J+7 ● **FAIRE UN BILAN INTERMÉDIAIRE**

- Calculez les résultats obtenus par rapport à votre objectif et redéfinissez vos actions si nécessaire (par exemple, vous souhaitiez développer votre taux de concrétisation mais votre nombre d'articles vendus est inférieur à vos normes habituelles. Entreprenez une action qui vous permet de corriger le manque d'articles vendus).

PLAN D'ACTION 10

Maîtriser son secteur

Une bonne connaissance de son secteur géographique et de son secteur d'activité est essentielle pour le commercial.

Le but

→ Connaître son **«terrain de chasse»** pour répertorier et organiser ses visites et sa prospection, et gagner en efficacité en **optimisant ses temps de déplacement** sur le terrain.

Rechercher les données et toutes les informations nécessaires à une connaissance optimale de son secteur géographique permet d'**anticiper les actions des concurrents et de comprendre les orientations du marché et les attentes de ses clients**.

▶ | CE QUI FAIT LA DIFFÉRENCE

Le commercial qui connaît son secteur gagnera en efficacité et en organisation. En effet, il planifiera plus aisément d'autres rencontres avec des prospects lors de ses sorties terrain.

Qu'il s'agisse des restaurants où il ira déjeuner, des lieux de rencontre de ses clients, des habitudes de ses concurrents, il peut être **présent aux endroits stratégiques** lorsqu'il en a besoin.

Une présence forte sur son secteur lui permet de **recevoir des informations rapidement** sur ses clients et ses concurrents.

▶ | CONSEIL

- Constituez-vous un **réseau d'informateurs sur le terrain** afin d'obtenir rapidement et régulièrement des informations sur votre activité.
- Fréquentez le plus souvent possible **les mêmes lieux** afin que les individus vous reconnaissent, facilitant ainsi votre prise de contact. Privilégiez les endroits proches et fréquentés par vos clients.
- Les restaurants, hôtels, lieux de séminaires, bars, cafés... sont les endroits **propices à la constitution de votre réseau** d'information.
- Pensez au **«top-down»**, à savoir que les informations qui vous intéressent proviennent non seulement de vos clients mais aussi de leurs fournisseurs et de leurs propres concurrents.
- Enfin, le **«in-out»** concerne les informations recueillies auprès des salariés de votre client et de vos concurrents.

Les best practices

Best practice	AVANTAGES	LES + CONSEILS	INCONVÉNIENTS
Maîtriser votre secteur	• Permet de gagner en efficacité de déplacements géographiques. • Permet un meilleur investissement budgétaire (choix des hôtels, restaurants… proches des clients).	+ Utilisez une carte pour gérer au mieux vos déplacements et vous situer aux endroits stratégiques. + Lorsqu'il est difficile de rencontrer les prospects au sein de leur entreprise, essayez de les rencontrer (par hasard…) dans les lieux qu'ils fréquentent.	• Demande du temps pour une organisation efficace avant de se déplacer sur le terrain. • Impose parfois de rester dans un secteur durant quelques jours.
Maîtriser les informations de votre activité	• Permet d'obtenir rapidement de l'information sur votre activité *via* le réseau terrain. • Permet d'être réactif par rapport aux nouveautés de votre activité et de vos clients.	+ Communiquer est primordial. Sachez donner de l'information pour en recevoir. + Restez en alerte grâce à Internet pour les nouveautés concernant votre secteur d'activité.	• Nécessite de faire preuve de patience pour qu'une information revienne. • Impose un «benchmarking» régulier pour se tenir informé.
«Top-down»	• Permet d'obtenir des informations de vos clients et de leurs fournisseurs. • Permet de savoir ce que pensent les concurrents de votre client.	+ Rencontrez vos clients et leurs fournisseurs si vous pouvez leur proposer vos produits et services. + Ne parlez pas à votre client de ses concurrents, mais poussez-le à vous en parler (posez des questions sur la conjoncture…).	• Ne vous permet peut-être pas de démarcher les clients et fournisseurs de votre client, selon vos produits ou services. • Offre une information souvent empreinte de jugement et qui demande à être vérifiée avec le temps.
«In-out»	• Permet d'obtenir des informations pertinentes provenant des salariés de votre client. • Offre une vision de vos prospects ou clients à travers le regard de vos concurrents.	+ Lorsque vous êtes chez votre prospect, demandez à visiter son entreprise. Saluez toutes les personnes que vous croiserez. Vous serez peut-être amené à les rencontrer de nouveau à l'extérieur.	• Demande de la patience et de se trouver au bon endroit au bon moment pour provoquer à nouveau les rencontres.

Les ressources, en interne ou en externe

EN INTERNE

Elles sont relativement faibles car il s'agit plus d'informations arrivant de l'extérieur de votre entreprise. Cependant, pensez à **échanger avec les autres commerciaux de votre société ou avec votre manager**. S'ils agissent comme vous, il est possible qu'ils vous communiquent des informations importantes d'un autre secteur.

EN EXTERNE

L'environnement de votre client, de ses concurrents et de ses clients, de ses fournisseurs et de vos propres concurrents… Ces informations se situent principalement **sur le terrain**; vous devez donc vous approprier les lieux en les fréquentant régulièrement afin de déclencher les opportunités qui vous apporteront des rencontres d'intérêt.

Internet est bien entendu une mine d'informations intéressantes que vous pouvez consulter pour obtenir d'autant plus de renseignements.

Les outils

Il est beaucoup plus aisé aujourd'hui d'obtenir des **cartes géographiques** de votre secteur. Il existe suffisamment d'outils qui vous permettront de réaliser des repérages ou d'organiser vos visites de prospection en optimisant au mieux votre temps et vos déplacements (**www.pagesjaunes.fr**, **www.googlemap.com**, **www.mappy.fr**...).

La presse spécialisée, les sites Internet des régions ou des communautés de régions (**www.cc-region-XX.fr/**) vous apporteront de nombreuses informations sur votre secteur (ouverture d'une nouvelle zone d'activité, installation de nouvelles entreprises...).

Une bonne connaissance du tissu économique local vous permettra d'avoir parfois un coup d'avance sur vos concurrents !

Le budget

Maîtriser votre secteur demande un **budget d'investissement** permettant de vous trouver aux endroits propices pour rencontrer vos prospects.

Votre entreprise sera certainement encline à débloquer ces budgets si vous pouvez lui démontrer qu'elle aura un retour sur ses dépenses.

Il est intéressant d'occuper des hôtels ou de manger dans des restaurants vous permettant de **rencontrer plus facilement vos prospects** si vous pouvez démontrer que vos actions et vos résultats justifient un investissement.

Les limites

Il est aisé de choisir principalement des secteurs géographiques que l'on connaît et qui facilitent le travail de prospection, ce qui entraîne une sélection des déplacements et un évitement de certaines zones. Il y a un risque pour le commercial de **s'enfermer dans une routine** et de visiter continuellement les mêmes secteurs.

La maîtrise de l'information dans son secteur géographique est souvent fastidieuse et longue à mettre en place. Elle demande un investissement dont le retour est rarement sur du court terme.

CRITÈRES DE MESURE DE LA RÉUSSITE

- Si vous parvenez à obtenir un maximum d'informations sur les habitudes liées à l'environnement de votre secteur, vous pourrez **gérer efficacement vos déplacements et vos rendez-vous**. Votre travail préparatoire en sera très largement récompensé.
- Si votre base de données concernant vos prospects et vos clients se remplit régulièrement, vous garderez **une avance considérable** sur votre marché et vos concurrents.

LE PLANNING

EN AMONT

J–30 **● REPÉRAGE**

- Prenez le temps d'imprimer la carte de votre secteur géographique et d'y indiquer où se situent vos prospects et vos clients (utilisez différentes couleurs pour une identification rapide).
- Repérez les zones les plus intéressantes en termes de chiffre d'affaires mais aussi de densité de prospects et de clients.
- Profitez-en pour faire un repérage des lieux les plus fréquentés (hôtels, restaurants...). Servez-vous d'Internet pour obtenir le maximum d'informations (les hôtels et les restaurants font souvent de la publicité sur l'organisation de séminaires ou de repas pour telle ou telle société au sein de leur établissement).

J–10 **● ORGANISATION**

- Organisez vos tournées selon les recommandations présentées dans le plan d'action 6.

● OPTIMISATION

- Gardez à l'esprit que vos déplacements représentent un coût pour votre entreprise et faites en sorte de les optimiser au maximum.

LE JOUR J

● ÉVALUATION

- Sur place, évaluez la véracité de vos informations et profitez-en pour compléter vos informations.
- Imprégnez-vous des lieux, observez l'activité locale, écoutez et rencontrez toutes personnes susceptibles de vous aider à en comprendre le fonctionnement.

EN AVAL

J+1 **● MISE À JOUR**

- Enrichissez votre base de données et réfléchissez à vos futurs déplacements.
- Continuez régulièrement votre travail d'introspection en consultant régulièrement Internet et en utilisant vos nouvelles sources d'informations.

→ OBJECTIF 03

Préparer son entretien de vente

La phase de préparation est l'une des clés majeures de la réussite de vos entretiens. **La connaissance de l'environnement de votre client, de l'historique de la relation entre vos entreprises**, vous apportera des éléments déterminants lors de vos négociations.

Votre interlocuteur sera sensible à la compréhension que vous avez de son activité et du fonctionnement de son organisation. Vous instaurerez ainsi un climat de confiance et en percevrez **les bénéfices lors de vos négociations**.

Chaque client est différent, la personnalisation de la relation est créatrice de **«valeur ajoutée» pour votre (futur) partenaire**, vous procurant ainsi un avantage concurrentiel.

PLAN D'ACTION 11

S'informer, se documenter

Le premier objectif du vendeur est d'apprendre à connaître le client qu'il va rencontrer.

Le but

→ **S'informer sur ses clients et leurs environnements** et disposer d'un **maximum d'informations** pour agir efficacement.

La vente est avant tout une **histoire de préparation**: 10 % d'inspiration et 90 % de transpiration, selon la formule consacrée.

Vous pouvez tirer parti de l'un des avantages de notre société moderne, basée sur l'**omniprésence de l'information**, et apprendre à vous documenter sur vos clients pour anticiper au mieux vos futurs entretiens de vente.

▶ | CE QUI FAIT LA DIFFÉRENCE

Posséder la **«check-list» des informations à obtenir avant un entretien de vente** vous permet de **structurer votre démarche** et d'utiliser **tous les leviers de négociation** possibles.

La rigueur et l'implication lors de la constitution de cette «check-list» permettent de posséder **toutes les informations utiles** pour convaincre un client des bénéfices de votre offre.

Un préalable consiste à bien définir où trouver l'information et, surtout, à identifier quelles informations vous cherchez à obtenir.

▶ | CONSEIL

- Peu d'informations sont réellement confidentielles si vous cherchez vraiment à les obtenir. **Internet est une manne de ressources** et l'arrivée récente sur le marché des entreprises chargées de parcourir le net pour en extraire l'essentiel en est la preuve.
- Apprenez à **«scorer» vos informations**, c'est-à-dire à les noter (à l'aide de chiffres: 1, 2, 3..., ou en utilisant un code couleur: vert, orange, rouge...). Vous pourrez ainsi **les classer** par pertinence, par intérêt, pour les filtrer..., et en tirerez un bénéfice considérable en termes de temps et de ciblage.

Les best practices

Best practice	AVANTAGES	LES + CONSEILS	INCONVÉNIENTS
Se préparer	• Vous fera gagner du temps. • Est une aide à la vente grâce à la connaissance d'informations préalable sur le client. • Évite les mauvaises surprises lors de l'entretien.	+ Prenez le temps de vous organiser pour réussir au mieux vos futurs entretiens. + Imposez-vous cette phase de préparation; si elle est la moins réalisée par les commerciaux, elle fait pourtant la différence sur le terrain.	• Demande un investissement temps. • Oblige à formaliser. • Impose une organisation et une structure des données.
S'informer	• Permet de mieux cerner l'environnement du client. • Aide à adapter votre communication lors de votre entretien de vente. • Évite les surprises dues à une méconnaissance du client.	+ Les outils virtuels sont très utilisés de nos jours mais ne délaissez pas le relationnel avec vos clients, fournisseurs et concurrents. Cela reste un atout majeur et, même si quantité de données sont des «bruits de couloir», il y a rarement de fumée sans feu…	• Demande un investissement temps pour rechercher et recouper les informations. • Oblige à organiser et à classer les données.
Se documenter	• Permet d'approfondir vos connaissances du marché et des nouveautés.	+ La lecture d'ouvrages et/ou la recherche d'informations sur Internet enrichiront vos connaissances sur un sujet choisi.	• Nécessite beaucoup de lecture pour extraire l'essentiel de l'information.
Actualiser	• Permet de rester au fait de l'actualité. • Permet de conserver une base de données efficace.	+ Procédez régulièrement à l'actualisation de l'information, qu'elle concerne votre métier ou votre marché, qui requiert peu de temps si elle est réalisée à échéances rapprochées.	• Impose de consacrer de façon régulière du temps à la mise à jour de ses données. • Oblige une remise en question régulière.

Les ressources, en interne ou en externe

EN INTERNE

D'autres **commerciaux de l'entreprise**, **d'autres départements ou services** de votre organisation ont peut-être déjà été en contact avec votre prospect/client et disposent d'informations qui peuvent vous être utiles.

EN EXTERNE

S'organiser est essentiel pour récolter les informations adaptées en un minimum de temps sur le Web. Pensez à consulter:

- Le **site «corporate» de vos clients**. Vous y trouverez toutes les informations nécessaires à votre préparation d'entretien (implantation, taille, organigramme, produits et compétences…).
- Les **sites de diffusion de présentations/documents originaux** en ligne: **www.slideshare.net** et **www.scribd.com**.
- Les **sites d'informations financières** pour valider la solvabilité de vos prospects: **www.score3.fr** et **www.societe.com**.

Les outils

Si votre entreprise possède un **outil de gestion de la relation client (CRM)**, vous y trouverez des informations très intéressantes sur les clients que vous devez rencontrer.

Adaptez et intégrez chacune des informations recueillies dans votre contexte (première rencontre, suivi d'affaires, bilan intermédiaire, recette...) et analysez ce qu'elles peuvent vous apporter immédiatement.

Si vous ne disposez pas d'un CRM, **créez votre propre outil** (classeur papier, Excel...). Ce fichier clients doit recenser des informations basiques et statiques sur les clients – nom, adresse, téléphone –, mais également renseigner sur son ancienneté, la date, la nature et le montant de ses achats antérieurs, ses motivations d'achat...

À chaque action entreprise envers un client, alimentez de façon systématique ce fichier clients pour **le mettre à jour** et pouvoir l'utiliser au moment propice.

Le budget

L'information récoltée préalablement à un entretien de vente est souvent capitale et influence très fortement le résultat de l'échange avec le client (nous apprécions tous que quelqu'un nous parle de choses qui nous intéressent et nous concernent au quotidien).

Il faut donc savoir consacrer **du temps** à cette démarche parfois fastidieuse...

Les limites

Le **temps nécessaire** et le **côté fastidieux** de cette documentation en sont les principales limites.

Il est important de garder à l'esprit que le temps consacré à cette recherche d'informations ne doit pas bousculer votre activité commerciale quotidienne. En effet, consacrer cinq heures à obtenir des informations sur un client alors que vous passez une heure d'entretien avec lui peut paraître dénué de sens, particulièrement chronophage et inefficace !

CRITÈRES DE MESURE DE LA RÉUSSITE

Le succès d'une bonne documentation se verra dans **la qualité et la richesse de l'échange** que vous aurez avec votre interlocuteur :

- Vous avez pu aborder tous les sujets que vous souhaitiez.
- Vous êtes au courant des projets et enjeux stratégiques du client.
- Vous avez des réponses en termes d'offres ou de services à proposer à votre client sur les problématiques dont il vous fait part.

LE PLANNING

EN AMONT

J–90 à J–30 ● **RECHERCHER L'INFORMATION**

- Commencez vos recherches et votre documentation en interne. Récupérez tout ce que possède votre entreprise sur votre secteur, vos clients et les méthodes de vente.
- Approfondissez vos recherches par les informations externes (voir les ressources externes).

J–30 ● **FORMALISER L'INFORMATION**

- Récoltez et synthétisez l'information que vous avez obtenue dans un outil de gestion informatique ou, si vous n'en possédez pas, à l'aide d'un classement papier (classeurs, intercalaires...).
- Pensez à dissocier les informations recueillies sur vos clients, votre marché, votre entreprise, vos produits/services et sur vos méthodes.
- Préparez une fiche « neutre » sur votre client qui pourra être utilisée au cours de l'entretien de vente.

J–2 ● **PRÉPARER VOTRE « MALLETTE »**

- Triez les informations qui vous seront nécessaires au cours de l'entretien de vente et classez-les dans « une pochette » afin qu'elles soient facilement accessibles durant votre rendez-vous client.
- Cette « mallette » contiendra systématiquement la fiche client, vos bons de commande, votre documentation produits et un bloc-notes.

LE JOUR J

● **UTILISER L'INFORMATION**

- Révisez votre fiche client et les informations nécessaires quelques minutes avant votre entretien de vente.
- Utilisez votre fiche « neutre » pour vous aider lors de votre entretien.
- Notez sur cette fiche les nouvelles informations que vous pourrez obtenir.

EN AVAL

J+1 ● **METTRE À JOUR**

- Mettez à jour rapidement les informations que vous avez obtenues au cours de votre entretien.

J+2 ● **SCORER VOTRE CLIENT**

- Utilisez un système de notation (sur 20 ou sur 100 par exemple) qui vous permettra d'avoir une vue d'ensemble de vos probabilités de vente. Par exemple: la taille de l'entreprise du client (0 ou +1 pour une petite commande à +4 pour une grosse commande) influence le montant de votre commande à la hausse, mais le nombre de concurrents présents (0 ou –1 si peu de concurrents à –4 si forte présence de concurrents) réduit peut-être vos chances de réussites...

PLAN D'ACTION 12

Préparer ses outils d'aide à la vente

Les outils d'aide à la vente constituent l'ensemble des supports permettant de faciliter l'activité du commercial.

Le but

→ Définir l'ensemble des outils d'aide à la vente permettant d'être **«armé» et prêt à rebondir sur un maximum de situations** susceptibles d'être rencontrées.

Avoir en permanence en tête son «kit de survie» permet de conclure plus efficacement ses entretiens et de développer ses ventes.

Montrer une image professionnelle et experte valorise le rôle de commercial accompagnateur du succès de ses clients.

▶ | CE QUI FAIT LA DIFFÉRENCE

Au moins aussi importantes que les compétences utilisées durant l'entretien de vente, l'**anticipation du commercial** et sa **faculté d'adaptation** aux situations qu'il peut rencontrer sont les clés fondatrices du succès et de la réussite de son activité.

La différence naît essentiellement dans votre **capacité à prévoir, anticiper et agir** en toutes circonstances.

Afin de faciliter cette anticipation, **la préparation prend tout son sens**, à l'image d'un pilote d'avion suivant sa «check-list prévol» pour garantir la fiabilité de l'appareil, sa sécurité et celles de tous ses passagers.

▶ | CONSEIL

- Préparez la **«check-list» de l'ensemble des éléments à maîtriser** dans le cadre de vos activités commerciales, ainsi que les **«outils» qui vous seront nécessaires** lors de votre vente («book» de présentation, tableaux de chiffres, bons de commande et stylos, produits d'essai...).
- **Construisez vos outils**, appuyez-vous sur ceux qui existent et faites-les évoluer dans le sens qui vous paraît le plus pertinent pour votre activité. **Ne restez pas figé** sur ce que vous fournit votre entreprise. Le monde du négoce évolue vite, adaptez-vous à votre cible commerciale et préparez-vous.
- Ayez toujours sur vous **des cartes de visite** pour personnaliser la relation, installer une relation avec le client.

Les best practices

Best practice	AVANTAGES	LES + CONSEILS	INCONVÉNIENTS
Se préparer psychologiquement	• Permet d'être en capacité physique et intellectuelle de convaincre un client. • Permet de trouver un équilibre de vie en évitant les «yoyos émotionnels».	+ Apprenez à faire des pauses dans votre activité pour mieux repartir. + Pensez à écouter deux fois plus que vous ne parlez…	• Demande d'entreprendre une réflexion et une organisation de son quotidien. • Nécessite une maturité émotionnelle et comportementale.
Se préparer matériellement	• Permet de faire des démonstrations concrètes et cohérentes devant le client. Les images et les photos marquent plus facilement l'esprit.	+ Organisez vos outils avec logique afin de les faire «apparaître» au bon moment aux yeux du client.	• Peut semer le doute chez le client lorsque tout sort au bon moment et comme par magie. • Risque d'accélérer la présentation.
Faire une check-list	• Permet de n'oublier aucun outil en partant en clientèle.	+ Construisez votre propre check-list avec toutes vos ressources.	• Peut paraître répétitif et mécanique.
Préparer des argumentaires efficaces	• Permet de respecter une trame de présentation en ayant un document devant vous. • Permet d'adapter votre discours aux besoins du client et non l'inverse…	+ Mettez en œuvre la construction du tableau argumentaire avec AIDA, BAC et SONCAS (cf. outils).	• Nécessite du temps de construction. • Demande à être mis à jour régulièrement.

Les ressources, en interne ou en externe

EN INTERNE

Apprenez à **connaître votre entreprise**, son marché, son positionnement en récupérant toutes les informations s'y rattachant.

Maîtrisez ses offres, ses outils, sa zone géographique à l'aide des éléments existant dans votre entreprise.

EN EXTERNE

Votre kit commercial d'outils d'aide à la vente:

- Une **fiche client/prospect** pour garder une trace de l'entretien, organiser le suivi et les relances futures, et rassembler les données économiques et métiers sur le client concerné.
- Les **conditions générales de vente** pour respecter les contraintes légales, négocier les conditions commerciales.
- Une **calculatrice** pour calculer les prix, négocier…
- Le **bon de commande** et un **contrat** afin de pouvoir aisément et rapidement matérialiser les termes de l'accord.
- Un **agenda**, pour prendre rendez-vous, positionner les objectifs des clients, déterminer une date de livraison…
- Votre **plaquette commerciale**, une **documentation technique** et, éventuellement, un **support informatique** pour fournir des explications ou démonstrations et pour apporter des preuves et laisser une trace de l'entretien.
- D'éventuels **échantillons** afin de montrer le produit ou les matériaux utilisés.

Les outils

Un client n'achète pas un produit, mais l'idée qu'il se fait des avantages et des satisfactions qu'il pourra en retirer.

Pour préparer vos argumentaires, trois outils peuvent être imbriqués:

- **La méthodologie BAC** (Bénéfice, Avantage, Caractéristique) afin de présenter les bénéfices et avantages de vos produits.
- **L'outil AIDA** (Attirer l'attention, Susciter l'intérêt, Développer le désir, Provoquer l'action d'achat) pour ordonner les arguments suivants les phases.
- **La méthodologie SONCAS** (qui répertorie les motivations d'achat d'un client: Sécurité, Orgueil, Nouveauté, Confort, Argent, Sympathie) pour présenter les produits en fonction du profil du client.

	B	A	C	S	O	N	C	A	S
A	Vous pouvez rouler en toute sécurité	Distance de freinage diminuée et aucun risque de dérapage	Voiture avec ABS et correcteur de trajectoire ESP	X			X		
I	Vous pouvez réaliser une économie de 40 % sur vos frais de livraison habituels	Délais de livraison courts, frais de livraison réduits	Nous disposons d'entrepôts dans chaque région				X	X	
D									
A									

Le budget

Un **budget «d'amorçage»** est nécessaire pour avoir ses outils, présentations et cartes de visite.

Le **budget temps** est important pour mettre en place une véritable stratégie de conquête des clients.

Les limites

Le meilleur argumentaire ou la meilleure présentation ne remplacera pas la **force de conviction du vendeur**:

- des mots suggestifs et positifs «qui font acheter»;
- un ton énergique, dynamique, enthousiaste, sans être agressif;
- des gestes appropriés qui accompagnent la signification des mots;
- être vous-même convaincu par vos arguments!

CRITÈRES DE MESURE DE LA RÉUSSITE

- L'amélioration des indicateurs de performance: augmentation du CA, du taux de transformation (visite client, signature du contrat) ou de la moyenne des affaires conclues avec vos clients.
- Votre plaisir à rencontrer vos clients et la satisfaction personnelle que vous prenez à signer des affaires!

LE PLANNING

EN AMONT

J–15 ● **PRÉPARER VOS OUTILS**

- Réalisez votre «kit commercial» (cf. ressources externes) et notez ce qu'il contient. Vous pourrez plus aisément le reconstituer au fur et à mesure.

J–12 ● **PRÉPARER VOS ARGUMENTAIRES**

- Remplissez le tableau présenté en outils pour chaque produit/service que vous devez vendre.

J–1 ● **PRÉPARER VOTRE MENTAL**

- Mettez-vous en condition de conquête avant de rencontrer votre client. Pensez positif (je vais réussir, ça va être plaisant de rencontrer ce client, j'ai toutes les cartes en main…) et n'anticipez pas votre rendez-vous de façon négative (ce client va être compliqué, ça ne sert à rien d'y aller, mes concurrents ont de meilleurs produits…).

LE JOUR J

● **UTILISER VOS RESSOURCES**

- Tous les outils d'aide à la vente doivent être utilisés lors de votre entretien (même rapidement ou succinctement).
- Notez au cours de l'entretien, sur votre bloc-notes, ce qui vous a fait défaut.

EN AVAL

J+1 ● **FAIRE LE POINT**

- Faites le tri des outils qui vous sont utiles en permanence, occasionnellement ou rarement.
- Répertoriez les outils qui vous ont manqué et adaptez-les lors de vos prochains entretiens.

PLAN D'ACTION 13

Déterminer son périmètre de négociation

Un client est un ensemble de données visiblement identifiables mais possédant également des ramifications cachées.

Le but

→ Définir son **périmètre de négociation** ainsi que le **circuit de décision** avant de rencontrer son client.

Connaître ses marges de négociation donne la possibilité, une fois encore, d'anticiper vos actions envers vos clients. Sachez jusqu'où vous pouvez aller (remise, délais de livraison, produit gratuit…) en définissant des limites claires pour gagner un client ou une affaire; mais il est tout aussi important de **savoir «perdre»** si la négociation échoue.

▶ | CE QUI FAIT LA DIFFÉRENCE

Plutôt que de négocier de manière intuitive, comme bon nombre de commerciaux le reconnaissent, utilisez **des clés pratiques** (savoir répondre aux objections, connaître sa marge de négociation…), des outils simples pour négocier efficacement.

Se renseigner sur les circuits de décision permet d'éviter une perte de temps et, surtout, de ne pas faire un entretien de vente **aux «mauvais» interlocuteurs**.

Le circuit de décision n'est pas toujours facilement identifiable; aussi, au cours de votre entretien de vente, pensez à poser **les bonnes questions** (Qui sera l'utilisateur de votre produit/service? S'agit-il d'une entreprise familiale? Qui paye? Qui donne son avis pendant ou après la négociation? Qui décide au final?).

Il est important de comprendre que la plupart des négociations se gagnent **avant la négociation** proprement dite!

▶ | CONSEIL

- Renforcez votre capacité à **rebondir sur les objections** de vos clients. Entraînez-vous jusqu'à être parfaitement à l'aise dans ce domaine.
- La demande d'une **remise** par vos clients est un élément incontournable en négociation. Préparez-vous! Une remise doit toujours avoir une **contrepartie** lors de l'entretien de vente (par exemple: une plus grosse quantité, une meilleure qualité, un temps de livraison plus long, etc.).
- Avant votre entretien, **n'omettez aucune possibilité du circuit décisionnelle**: une assistante de direction aura certainement le dernier mot avec son patron si elle est l'utilisatrice de votre produit; un directeur informatique fera pencher la balance concernant les achats de tout ce qui touche son domaine; le conjoint du «boss» donnera certainement son point de vue s'il fait partie de l'entreprise…

Les best practices

Best practice	AVANTAGES	LES + CONSEILS	INCONVÉNIENTS
Gérer vos réactions émotionnelles	• Permet de montrer au client que vous n'êtes pas surpris par ses questions. • Montre votre assurance et votre conviction.	+ Plus vous êtes conscient de vos faiblesses et/ou des faiblesses de votre offre, plus vous devez vous entraîner à «maîtriser» vos émotions pour que cela n'attire pas l'attention de vos clients.	• Demande une capacité d'auto-analyse de ses faiblesses. • Donne un surplus d'assurance qui peut faire peur à son interlocuteur.
Connaître le circuit de décision	• Permet de gagner du temps et d'éviter la multiplication des rendez-vous. • Montre un intérêt pour l'entreprise du client.	+ Identifiez clairement la ou les personnes décisionnaires. Ce n'est pas forcément la personne qui vous reçoit qui prend la décision.	• Demande beaucoup d'observation et d'écoute. • Impose un questionnement qui peut parfois apparaître comme intrusif.
Connaître votre marge de négociation	• Permet de connaître les limites à ne pas dépasser. • Favorise une négociation gagnante/gagnante.	+ Connaissez votre «plafond» de négociation, mais faites en sorte de ne jamais l'atteindre. + Définissez votre propre plafond qui doit être inférieur à celui de votre entreprise (par exemple, si votre entreprise vous laisse une marge de -40 %, positionnez la vôtre à -25 %).	• Revient à faire du trapèze avec filet; le commercial risque de ne plus prendre de risque de peur de perdre sa vente et «lâche» trop facilement sa remise pour assurer sa vente.
Utiliser votre marge de négociation	• Permet de donner satisfaction au client tout en avançant concrètement dans votre négociation. • Permet de valider la vente.	+ Utilisez votre marge de négociation en «escalier» (par exemple: -5 %, puis -7 %, puis -10 %, etc.). Chaque marche de cet escalier devra être consentie avec une contrepartie.	• Peut donner la sensation au client qu'il peut continuer à faire baisser les prix. • Peut faire ressentir une frustation chez le client de ne pas avoir eu le maximum de remises.

Les ressources, en interne ou en externe

● EN INTERNE

Apprenez à **bien vous connaître**: Comment fonctionnez-vous? Quelles sont vos valeurs? Quel style de négociation privilégiez-vous? Adoptez un **état d'esprit positif, constructif et favorable à la négociation**: travaillez sur votre flexibilité et votre volonté de positiver les choses.

Identifiez **votre périmètre de négociation** au sein de votre entreprise: cadre de travail, conditions générales de vente, enjeux politiques, sociaux et économiques, contexte actuel, objectifs personnels et collectifs…

Définissez **l'objectif à atteindre**: il est préférable de connaître la politique commerciale de votre entreprise avant toute négociation.

● EN EXTERNE

Comprenez **le périmètre de négociation de votre client**: ses motivations et ses intérêts dans son contexte professionnel, son environnement politique, social et économique.

Imaginez **des solutions pour un bénéfice mutuel**: qu'est-ce que vous y gagner et qu'est-ce que votre client y gagne? Privilégiez les conditions gagnantes/gagnantes.

Prenez la **mesure des enjeux** en termes de CA, de rentabilité, de notoriété sur un marché, de satisfaction, de confort, de pérennité…

Les outils

Utilisez la **matrice de votre profil de vente** (cf. plan d'action 25) ainsi que la **matrice SWOT de vos clients**:

Forces de votre client	Faiblesses de vos concurrents
Entreprise leader sur son marché Circuit décisionnel simple, décide rapidement Commande de grosses quantités	Délais de livraison aléatoires Facturation et recouvrement rapides Pas de présence nationale
Risques lors de l'entretien	**Opportunités à saisir**
Risque que la négociation ne porte que sur le prix Très exigeant sur le respect des délais	Nouveau marché Peu de stock, remise exceptionnelle possible de 20 % si commande importante Besoin de délais de livraison courts

Le budget

Méconnaître le circuit décisionnel **peut coûter très cher**, car les déplacements multiples d'un commercial qui doit retourner voir son client plusieurs fois représentent un coût important pour son entreprise.

D'autre part, accorder une remise simplement pour assurer sa vente rendra votre fonction obsolète aux yeux de votre patron car vous finirez par être très peu rentable. **Au-delà du chiffre d'affaires** que le commercial réalise, il y a surtout **la marge qu'il permet de réaliser**...

Les limites

Prévoir une négociation donne toujours des éléments intéressants pour s'adapter aux véritables enjeux du «face-à-face» avec le client; il n'en demeure pas moins qu'il restera une part non négligeable de découverte lors de l'entretien.

L'usage excessif de la marge de négociation par le commercial est un risque à moyen ou long terme pour son poste et la pérennité de son entreprise.

▶ | CRITÈRES DE MESURE DE LA RÉUSSITE

- Vous connaissez bien le **cercle décisionnel** de l'entreprise. Vous avez repéré les «vrais» acheteurs, les décideurs.
- Vous avez atteint votre **objectif de négociation** préalablement défini.
- Lorsque vous consentez une remise, elle est rarement la même. Vous ne l'accordez pas trop rapidement et elle est **adaptée à chaque client et à chaque situation** (quantité, concurrence...).
- Vous obtenez un **accord verbal/écrit** du client.
- Vous êtes resté dans une **démarche gagnant/gagnant**.

LE PLANNING

EN AMONT

J–30

● CONNAÎTRE VOTRE PÉRIMÈTRE DE NÉGOCIATION

- Renseignez-vous auprès de votre entreprise sur vos marges de négociation maximales ainsi que sur celles qui sont couramment utilisées pour les clients (votre marge peut être de -40 %, alors que la moyenne utilisée auprès des clients par l'ensemble des commerciaux représente -30 %).
- Rencontrez les autres commerciaux de votre entreprise et votre responsable direct qui utilisent peu leur marge de négociation et demandez-leur leur façon de pratiquer.

J–10

● CONNAÎTRE LE PÉRIMÈTRE DÉCISIONNEL

- Utilisez toutes les sources possibles d'informations de l'entreprise que vous devez rencontrer pour cerner au mieux le périmètre décisionnel.
- Concernant les artisans/commerçants et indépendants, leur conjoint ou leur salarié proche font souvent partie du circuit de décision.
- Concernant les PME, le conjoint peut être présent. Deux à trois personnes influentes sont également placées à des postes proches (assistante, comptable, commercial…).
- Pour les plus grosses entreprises, votre proposition passera très certainement dans plusieurs services avant d'être validée (le service concerné par votre produit/service et très certainement la direction administrative et financière). Dans certains cas, elle pourra remonter à la tête de l'entreprise si elle représente un coût important ou si elle a un impact stratégique.

J–8

● PRENDRE LE RENDEZ-VOUS

- Assurez-vous, dans la mesure du possible, de pouvoir rencontrer tous les acteurs décisionnels lors de votre rendez-vous. Posez simplement la question à votre client et n'hésitez pas à remettre votre rendez-vous à plus tard si nécessaire.

LE JOUR J

● PRÉSENTER VOTRE PROJET

- Présentez votre projet à tous les acteurs concernés (si certains sont absents, assurez-vous qu'ils obtiennent au mieux vos informations).
- Lorsque vous n'êtes pas en présence de tous les décisionnaires, restez vigilant en matière de remise que vous consentez à donner. En effet, vous aurez certainement besoin de revenir à un second rendez-vous et il est fort possible que votre client retente une baisse de prix…
- Si vous ne vendez pas à cet entretien à cause du circuit décisionnel ou de votre périmètre de négociation, ne quittez pas votre client sans avoir fixé un nouveau rendez-vous.

● FAIRE UN DÉBRIEFING ET UNE MISE À JOUR

- À la sortie de votre entretien (en cas de report de vente), vous devez vous être assuré d'avoir rencontré tous les acteurs décisionnaires de l'entreprise ou au moins de les avoir identifiés pour le prochain rendez-vous.
- Mettez à jour immédiatement votre fiche client et indiquez les ramifications décisionnelles de votre client.

EN AVAL

J+1

● RETOURNER EN VENTE

- Reprenez rendez-vous rapidement avec tous les acteurs concernés et préparez votre futur entretien en tenant compte de vos nouvelles informations.

PLAN D'ACTION 14

Déterminer ses objectifs

Les objectifs donnent un but à la vente, une envie et une raison d'avancer au commercial.

Le but

→ Préparer et donc déterminer correctement ses objectifs : c'est probablement **l'étape la plus importante de la préparation d'un entretien de vente**.

Sans objectif, le commercial fera ce qu'il pourra, au mieux de ce qu'il sera capable. Ce qui est, naturellement, le meilleur moyen de se décourager, de penser faire de son mieux et, au final, de passer complètement à côté de son objectif principal à savoir… vendre.

▶ | CE QUI FAIT LA DIFFÉRENCE

Gardez constamment en tête vos objectifs. Un commercial qui utilise les indicateurs commerciaux pour **rythmer son activité** a systématiquement de meilleurs résultats que les autres. En effet, si son objectif est de réaliser 50 000 € de CA sur le mois et que l'un de ses indicateurs l'informe que la moyenne de vente par client est de 10 000 €, il sait qu'il lui faudra au moins 5 clients dans le mois pour atteindre son objectif. Si son taux de signature est de 20 %, il sait qu'il lui faudra rencontrer 25 clients pour en signer 5. Ces «buts» sont des **points de passage obligatoires** pour atteindre son objectif principal.

L'objectif est également de ressortir de chez son client en ayant obtenu un résultat positif, que ce soit de **manière directe** (signature d'un bon de commande), **indirecte** (par la réalisation d'un devis) ou **détournée** (prochain rendez-vous, recommandation vers un autre contact, etc.). L'idée est de sortir de l'entretien de vente en ayant toujours une action future à réaliser pour garder la maîtrise des futurs échanges avec son client.

▶ | CONSEIL

Déterminez de façon systématique vos **points de passage obligatoires** (indicateurs commerciaux) pour atteindre votre objectif.

Partez de votre objectif, puis décomposez comme suit:

- Quelle est la **moyenne de vos ventes** (MV)? Divisez votre objectif par cette moyenne (MV) pour obtenir le **nombre d'affaires à réaliser** (AR).
- Combien de **clients** (RC) devez-vous rencontrer pour conclure une vente? Multipliez votre nombre d'affaires à réaliser (AR) par (RC) et vous obtiendrez le **nombre de rendez-vous** (RV) nécessaires.

Les best practices

Best practice	AVANTAGES	LES + CONSEILS	INCONVÉNIENTS
Fixer un objectif direct	• Stimule l'envie de vendre. • Donne une direction, un but, une raison de vendre. • Légitime les actions du quotidien.	+ Définir un objectif est primordial pour un commercial. Répartissez-le sur le mois, la semaine et la journée. Il cadence votre activité et évite le relâchement.	• Peut être ressenti par le commercial comme un outil de sanction lorsqu'il n'est pas légitimé. • Peut être difficile à atteindre lorsqu'il n'a pas de sens.
Fixer un objectif indirect	• Permet d'obtenir un résultat lorsque l'objectif direct n'est pas atteint. • Offre un plan B.	+ L'objectif indirect, ou second objectif, permet de rester sur une victoire même en cas de non-vente. Imposez-vous le à chaque entretien.	• Peut donner au commercial un sentiment de double échec si ce second objectif n'est pas atteint.
Déterminer les indicateurs	• Permet le découpage de l'objectif en buts. • Rend l'objectif atteignable. • Fixe des actions précises.	+ Primordiaux dans la réalisation de l'objectif, utilisez-les pour atteindre vos objectifs, mais aussi pour comprendre vos échecs.	• Peut être mal ressenti en cas de pression commerciale et mal interprété si ces indicateurs sont considérés comme des objectifs et non comme des moyens permettant l'atteinte de l'objectif.
Réévaluer les objectifs	• Permet d'augmenter son CA. • Redonne une motivation.	+ Réévaluez vos objectifs pour rester actif et efficace.	• Peut donner une sensation d'insatisfaction. • Peut rendre l'objectif inatteignable par une erreur d'appréciation.

Les ressources, en interne ou en externe

EN INTERNE

Pour déterminer vos objectifs, utilisez les ressources internes de l'entreprise et analysez précisément **ses modes de fonctionnement** propres dans le but de rendre simple et concrète l'atteinte de ces objectifs.

Ces objectifs doivent être ensuite traduits en plans d'action. L'objectif premier du commercial est un **chiffre d'affaires** à réaliser; il est donc nécessaire de déterminer comment atteindre votre CA et quels comportements professionnels sont à mettre en œuvre pour être sûr de le réaliser. Pour ce faire, vous devez analyser votre activité commerciale dans sa globalité.

La réalisation de votre objectif passe avant tout par l'établissement précis d'un plan d'action, traduit en **comportements spécifiques, simples et observables** à mettre en œuvre.

EN EXTERNE

La détermination de vos objectifs passe également par une connaissance approfondie de votre **environnement externe**.

Penchez-vous sur ce qu'il vous faut réaliser auprès des clients/prospects pour atteindre vos objectifs. Par exemple:

- Que veulent vos clients? Qu'ont-ils déjà? Par quoi sont-ils intéressés?
- Qu'avez-vous à leur proposer? Jusqu'où pouvez-vous aller?
- Quels sont vos concurrents? Leur positionnement? Qu'est-ce qui vous différencie d'eux?

Les outils

La **méthodologie SMART** permet de définir un objectif simple et concret:

- Spécifique: soyez précis.
- Mesurable: fixez un point de départ et un point d'arrivée.
- Ambitieux: ne visez pas une moyenne mais un maximum.
- Réalisable: assurez-vous d'avoir les compétences pour le faire.
- Temporel: évaluez la durée et le délai.

La **méthode de questionnement CQQCOQP** approfondit vos connaissances de l'externe et rend les objectifs plus concrets:

- Comment? De quelle façon, dans quelles conditions, par quel procédé?
- Qui? De qui, avec qui, pour qui?
- Quoi? Quoi, avec quoi, en relation avec quoi?
- Combien? Dans quelle mesure, quelles valeurs sont en cause, à quelle dose?
- Où? Où, par où, vers où?
- Quand? Tous les quand, à partir de quand, jusqu'à quand?
- Pourquoi? Quels sont la cause, le motif, la finalité?

Le budget

Il n'existe **pas de budget** pour positionner ses objectifs. Il n'y a ni coût budgétaire, ni coût de temps.

Les limites

La mise en place d'un objectif mal évalué peut générer **de la frustration et de la démotivation** chez le commercial. Il est inutile et complètement dénué de sens de fixer des objectifs supérieurs à la réalité pour avoir la satisfaction d'atteindre un objectif caché ou inférieur.

Aussi, malgré toute la préparation que vous pouvez orchestrer en amont de votre entretien de vente, gardez toujours à l'esprit que vos objectifs doivent être perçus comme **réalisables** par vous, **partagés et acceptables** pour le client.

▶ | CRITÈRES DE MESURE DE LA RÉUSSITE

L'atteinte de votre objectif est votre critère de réussite premier. Cependant, votre capacité à **découper votre objectif en indicateurs** vous permet d'en comprendre le sens et de le rendre atteignable. Tout commercial doit apprendre à réaliser ce processus seul, sans attendre une explication de son manager. Il est le garant d'une véritable autonomie dans sa profession et d'une capacité à prendre une dimension supérieure.

LE PLANNING

EN AMONT

J–90 à J–30

● FIXER UN OBJECTIF

- Définissez votre objectif mensuel, hebdomadaire et quotidien.
- Si vous êtes en cours de mois, réévaluez-le pour le répartir sur les jours ou les semaines restantes.

J–30 à J–1

● DÉFINIR VOS INDICATEURS

- Calculez vos indicateurs pour vous aider à atteindre vos objectifs.
- Faites un bilan intermédiaire et recalculez vos indicateurs si vous êtes en cours de mois

● METTRE EN ŒUVRE LES MOYENS

- Orientez vos actions selon vos indicateurs. Par exemple, si vous n'avez pas suffisamment de rendez-vous, passez plus de temps au téléphone…
- Canalisez l'énergie nécessaire selon vos retards ou vos échecs.

LE JOUR J

● ATTEINDRE L'UN DE VOS OBJECTIFS

- À chaque fin d'entretien, vous devez atteindre au moins un des objectifs que vous vous êtes fixés. Il s'agit également d'un indicateur de réussite qui doit se rapprocher le plus possible du ratio 1 RDV client = 1 objectif atteint.

EN AVAL

J+1 à J+30

● FAIRE LE DÉCOMPTE

- Faites l'évaluation de vos résultats et corrigez vos indicateurs en fonction de vos résultats.

● REFIXER L'OBJECTIF

- Calculez votre nouvel objectif en fonction du nombre de jours restants sur le mois.

→ OBJECTIF 04

Réussir son entretien de vente

L'entretien de vente est la concrétisation du travail que vous avez réalisé en amont. C'est le moment de mettre en œuvre la large palette de compétences que vous possédez, plus particulièrement **votre « savoir-faire » en matière de négociation**.

Ce processus logique est **structuré en étapes** qui mobilisent toutes les capacités du vendeur : ses capacités d'écoute, d'analyse et de compréhension d'une problématique, son aptitude à fournir une solution pertinente et à la valoriser, à être convaincant…

Un premier entretien réussi transformera un prospect en client et sera peut-être le début d'une **relation constructive et profitable** pour chacune des deux parties, pouvant s'inscrire dans la durée.

PLAN D'ACTION 15

Prendre contact et découvrir les besoins

Créer un climat propice à l'échange et déterminer les besoins et motivations de votre client/prospect pour construire une offre pertinente.

Le but

→ Établir un **climat de confiance avec votre interlocuteur** et **déterminer sa problématique** afin d'apporter la réponse la plus adaptée.

L'entretien de vente est avant tout une histoire de communication verbale et non verbale. Poser les bonnes questions pour **découvrir une situation** démontrera votre intérêt et votre professionnalisme.

▶ | CE QUI FAIT LA DIFFÉRENCE

Pour la phase de contact – Le commercial qui, dès les premiers instants de l'entretien, sait **ajuster la tension pour «démystifier» la relation client/vendeur** établira les bases nécessaires à la réalisation d'un entretien constructif.

Pour la phase de découverte – L'utilisation de **techniques de questionnement adaptées au contexte et à la situation** amènera votre client à vous délivrer des informations essentielles pour construire votre offre.

En faisant parler votre prospect, vous découvrirez **un client plus qu'un besoin** et créerez ainsi une relation personnalisée pouvant faire la différence dans une situation concurrentielle.

Les **vingt premières secondes** avec votre client sont capitales. Vous n'aurez jamais deux chances de faire une première bonne impression et il vous sera plus difficile de vous défaire d'une mauvaise image que d'en créer directement une bonne!

▶ | CONSEIL

- L'entretien de vente débute **dès votre arrivée dans les locaux** de votre prospect. Observez votre environnement pour détecter les éléments qui pourront vous être utiles lors de l'entretien.
- Ayez une **attitude avenante et courtoise en toutes circonstances**; un mot agréable pour une hôtesse ou une assistante ne coûte rien et vous rend immédiatement sympathique. Gardez à l'esprit que vous véhiculez également **l'image de votre entreprise**.
- Ne faites jamais de «présomption de besoins» en parlant à la place de votre client; pratiquez **l'écoute active** et laissez s'exprimer votre interlocuteur.
- Posez autant de questions que nécessaire pour bien comprendre et approfondir un contexte, une situation, afin d'obtenir toutes les informations que votre client est prêt à vous livrer. Vous découvrirez des besoins factuels et clairement exprimés, mais aussi ses **motivations d'achat** (recherche de sécurité, de confort…).

Les best practices

Best practice	AVANTAGES	LES + CONSEILS	INCONVÉNIENTS
Utiliser les questions ouvertes (Que pensez-vous de...?)	• Fait parler votre interlocuteur, enrichit l'échange, permet d'obtenir beaucoup d'informations.	+ Posez les bonnes questions en rebondissant sur ce que dit votre client. + Préférez les questions ouvertes aux questions fermées: elles sont plus riches en enseignements.	• Risque de digression. • Risque d'être noyé sous l'information.
Utiliser les questions fermées (Vous pensez que...?, Vous préférez les...?)	• Permet d'obtenir rapidement une information précise, une validation, une confirmation.	+ Utilisez-les seulement si vous avez besoin d'une réponse précise à laquelle il n'existe pas d'alternative. + Adoptez un ton adapté pour ne pas paraître trop directif.	• Apporte peu d'informations. • Peut donner à l'entretien une sensation d'interrogatoire.
Utiliser les questions de relance (C'est-à-dire...?, Qu'entendez-vous par...?)	• Permet une bonne compréhension des informations.	+ Ce type de questions peut vous être utile pour relancer une conversation en rebondissant sur ce qu'a dit votre interlocuteur.	• Peut donner le sentiment que l'on ne comprend pas ce qui est dit.
Utiliser les questions alternatives (Vous préférez les... ou les...?)	• Oriente le choix de votre interlocuteur. • Pose le cadre de l'offre que vous serez en mesure de proposer.	+ Ne les utilisez que si elles présentent un réel intérêt. Les choix sont de moins en moins binaires et les clients recherchent des services personnalisés.	• Offre un choix pouvant être perçu comme incomplet. • Ne marche pas à tous les coups.

Les ressources, en interne ou en externe

EN INTERNE

Il existe souvent, dans les services commerciaux, des **outils marketing ou outils d'aide à la vente** du type «plan de découverte» regroupant l'ensemble des questions pouvant être posées à un client pour vendre un produit.

Les autres **collaborateurs de l'équipe commerciale** ont, avec un peu d'expérience, développé leur propre méthode de questionnement et peuvent vous faire partager leur succès (best practices) afin de vous en inspirer.

Si vous disposez d'**argumentaires produit**, étudiez-les en imaginant les questions à poser pour, par la suite, faire la promotion d'une caractéristique de votre produit ou solution.

Certains clients ont déjà un historique dans votre entreprise: consultez leur **dossier client** et informez-vous pour connaître leurs habitudes, les produits ou services qu'ils utilisent.

EN EXTERNE

Informez-vous sur les **offres concurrentes**; une logique de questionnement intelligente peut vous permettre de valoriser vos avantages concurrentiels.

Le site Internet de votre prospect/client, un article, une actualité... vous permettront, dès les premiers instants, de **«briser la glace»** en montrant votre intérêt pour sa structure.

Les outils

Pour créer immédiatement une **première bonne impression**, pensez à la **loi des 4×20**.

Les 20 premiers pas/gestes	Les 20 premiers mots
• Une attitude et une posture dynamique • Une poignée de main ferme	• Un ton sincère et chaleureux • Une phrase positive: «Je suis ravi de vous rencontrer…»
Les 20 cm du visage	**Les 20 premières secondes**
• Un visage souriant • Vous regardez votre interlocuteur dans les yeux	**Soyez conscient que tout ce joue à cet instant, le ressenti client doit être positif**

Le budget

Il n'existe **pas de budget** pour la prise de contact et la découverte des besoins. Néanmoins, dans un métier de relation client, votre image passe aussi par un peu de **«marketing» personnel**. Soignez votre hygiène corporelle, n'oubliez pas d'aller régulièrement chez le coiffeur et respectez les codes de votre profession (costume/cravate pour un financier…). Votre image contribue à générer une première bonne impression.

Les limites

Réussir votre prise de contact et bien cerner les besoins de votre client sont des étapes majeures de l'acte de vente, mais **votre capacité à valoriser votre solution** et **votre pouvoir de conviction** seront également déterminants.

▶ | CRITÈRES DE MESURE DE LA RÉUSSITE

- Vous instaurez rapidement un climat de confiance avec votre interlocuteur, vos échanges sont **cordiaux et fluides**.
- Vous disposez de toutes les informations vous permettant de construire une **offre adaptée et pertinente**.
- Vous n'êtes pas obligé de poser des questions complémentaires pour **adapter votre offre lors de sa présentation**.
- Vos clients vous perçoivent comme quelqu'un de **sympathique**, **professionnel** et **à l'écoute**, comprenant parfaitement leur contexte et leur demande.

LE PLANNING

EN AMONT

J–30 ● **PRÉPARER VOTRE PLAN DE DÉCOUVERTE**

- Récupérez toutes les données techniques sur vos produits.
- Transformez toutes les caractéristiques de vos produits en avantages et bénéfices pour vos clients (cf. plans d'action 12 et 16).
- Listez l'ensemble des questions qui vous permettront de découvrir des besoins en rapport avec les bénéfices de vos produits/solutions.
- Formulez vos questions de façon positive et ouverte.
- Informez-vous sur Internet sur l'actualité éventuelle de votre client/prospect.
- Entraînez-vous à poser vos questions avec un proche ou un collègue lors d'un sketch de vente.

LE JOUR J

● **METTRE EN ŒUVRE VOTRE PLAN DE DÉCOUVERTE**

- Testez votre plan de découverte lors d'un entretien de vente.
- Déroulez votre plan et notez précisément les informations importantes.
- Validez, lors de la phase de présentation de votre solution, qu'elle répond au besoin de votre client.
- Soyez attentif aux objections formulées par votre client.

EN AVAL

J+1 à J+5 ● **ADAPTER VOTRE PLAN DE DÉCOUVERTE**

- Analysez votre entretien le plus rapidement possible.
- Adaptez, complétez ou reformulez les questions de votre plan de découverte.
- Réalisez d'autres entretiens et affinez progressivement votre plan; votre expérience est essentielle.

PLAN D'ACTION 16

Présenter, proposer et argumenter

Après la découverte des besoins et motivations du client, vient la construction d'une offre répondant à ses attentes.

Le but

→ Être en mesure de **valoriser votre solution sous forme d'avantages et de bénéfices** pour votre client/prospect en **développant votre pouvoir de conviction**.

Une bonne adéquation entre votre offre et les besoins de votre client démontre que vous avez **compris sa problématique pour lui apporter une solution**. Vous limiterez le nombre d'objections possibles et générerez une vision positive chez votre interlocuteur.

▶ | CE QUI FAIT LA DIFFÉRENCE

Il est souvent important de vous assurer que vous avez bien cerné la problématique de votre client, notamment en **reformulant ses besoins** avec une phrase du type: « Si je vous ai bien compris... ». Il vous serait préjudiciable pour la suite de l'entretien de proposer une solution incomplète.

Pour un prospect, démarrez par une **présentation synthétique et pertinente de votre entreprise** avant d'exposer votre offre.

Pour structurer la présentation de votre entreprise, pensez **ETMPC**: **E**ntreprise (raison sociale, localisation...), **T**aille (nombre de sites, effectif, CA...), **M**arché (France ou international, segment et part de marché...), **P**roduits (types de produits, largeurs et profondeurs des gammes...), **C**lients (clients actifs, réalisations remarquables...).

▶ | CONSEIL

- À chaque besoin détecté, sa solution! Inutile d'énumérer toute une liste de caractéristiques et de risquer de vous disperser. **Structurez votre présentation** en deux ou trois parties que vous annoncerez à votre client (« Dans un premier temps, je vais vous présenter... »).
- Utilisez les **outils d'aide à la vente** (argumentaires, dossier de présentation, documents promotionnels) fournis par votre service marketing ou, le cas échéant, élaborez les vôtres.
- Appuyez vos arguments sur **les situations exposées par votre client**, il en percevra plus facilement les bénéfices.

Les best practices

Best practice	AVANTAGES	LES + CONSEILS	INCONVÉNIENTS
Reformuler	• Permet de synthétiser l'ensemble des informations qui vous ont été communiquées. • Permet de valider la bonne compréhension et l'accord sur le fond du message.	+ Insistez sur les points qui vous semblent les plus importants pour démontrer votre bonne compréhension des enjeux principaux de la négociation.	• Certains clients peuvent vous trouver un peu «expéditif» si vous êtes trop synthétique dans votre résumé.
Vendre des avantages et des bénéfices	• Démontre l'adéquation entre le besoin et la solution. • Donne du sens aux spécificités et caractéristiques de votre produit. • Laisse percevoir l'utilité de votre offre et favorise l'appropriation. • Démontre que vous maîtrisez votre sujet et renforce la confiance de votre client.	+ Parlez au présent afin d'être dans une réalité la plus concrète possible. + Formulez vos phrases le plus positivement possible. Évitez les formes «interro-négatives» (du type «vous ne pensez pas que…») qui induisent la négation («non, je ne pense pas que…»). + Maintenez un échange avec votre client en le laissant réagir afin qu'il ne reste pas «bloqué» sur un détail et n'écoute plus la suite de votre discours. + Si votre client lance une objection notable, précisez-lui qu'il aborde un point important auquel vous apporterez une réponse dans un moment. Reprenez le cours de votre entretien pour rester structuré.	• L'entretien peut sembler directif si vous le dirigez seul. • Certains clients, très informés, recherchent avant tout des spécificités techniques précises. • Certains clients attendront la fin de votre présentation pour vous dire que vous faites fausse route…

Les ressources, en interne ou en externe

● EN INTERNE

Votre service marketing dispose généralement de **documentations produits**, d'une **présentation de l'entreprise** et d'**outils d'aide à la vente** sur lesquels vous pourrez vous appuyer lors de votre exposé.

Conservez les articles de presse, photos des réalisations de votre entreprise et constituez un **dossier de présentation pour valoriser vos réalisations et votre expérience**.

● EN EXTERNE

Lors de salons professionnels, procurez-vous de la **documentation sur vos concurrents**. Vous pourrez étudier leurs approches et, éventuellement, y trouver quelques idées intéressantes pour valoriser vos offres. Vous n'avez pas le monopole du bon sens! Surtout, connaître la stratégie de vos concurrents permet d'y faire face.

Les outils

La **méthode d'argumentation CAP** est utilisée pour valoriser vos arguments et être plus convaincant.

Caractéristiques	Caractéristiques techniques ou commerciales, sans intérêt pour vos clients si elles ne se traduisent pas en avantages
Avantages	Avantages pour vos clients dans la mesure où vous pouvez en apporter les preuves
Preuves	Preuves susceptibles de convaincre vos clients de vous faire confiance et d'acheter votre solution/produit (marques, références, réalisation, témoignages, fiabilité, études...)

Le budget

Pas de budget spécifique, si ce n'est des **outils de bureautique classiques**. Si vous ne disposez pas d'un copieur ou d'une imprimante couleur de qualité, de nombreuses enseignes, comme «Copy Top», vous permettront de présenter des supports de qualité.

Vous pouvez **renforcer vos compétences** en suivant une formation spécifique sur les techniques d'argumentation.

Les limites

Restez le plus naturel possible, les argumentaires récités par cœur finissent par générer des **réponses mécaniques et stéréotypées**. Les succès se construisent sur les bases d'**une relation personnalisée**, créatrice de valeurs qui apporte un réel avantage concurrentiel.

CRITÈRES DE MESURE DE LA RÉUSSITE

- Vous proposez des produits et des solutions qui suscitent l'**adhésion de vos clients**.
- Vos arguments sont percutants et permettent à votre interlocuteur de mettre en perspective votre offre ou solution **dans son organisation**.
- Vous ne rencontrez **pas ou peu d'objections majeures** à votre proposition.
- Vos clients sont **à l'écoute de suggestion** et recherchent vos conseils.

LE PLANNING

EN AMONT

J–30 ● **PRÉPARER VOTRE ARGUMENTAIRE**

- Collectez les documents de présentation et outils d'aide à la vente disponibles dans votre structure: documentation produits, présentation institutionnelle, argumentaires, PPT de présentation…
- Créez, si nécessaire, vos propres argumentaires selon la méthode CAP (voir outils) et entraînez-vous à formuler oralement vos arguments selon cette méthode.
- Triez, ordonnez et vérifiez que vous disposez de documents actualisés.
- Effectuez les mises à jour nécessaires et ne gardez que les documents utiles (évitez les doublons…).
- Créez un dossier structuré et organisé (dossier papier ou numérique) pour accéder facilement aux éléments dont vous aurez besoin lors de vos présentations.

J–15 ● **VOUS PRÉPARER**

- En fonction des rendez-vous client ou des prospects que vous allez rencontrer, de leur historique dans votre entreprise, adaptez votre dossier de présentation.

LE JOUR J

● **TESTER EN SITUATION RÉELLE**

- Testez vos capacités d'argumentation lors de vos entretiens.
- Observez les réactions de votre client.
- Appuyez votre présentation, si le contexte le permet, sur les supports que vous avez préparés.
- Prenez des notes complémentaires pendant l'entretien en fonction des remarques de votre client.

EN AVAL

J+1 ● **RETRANSCRIRE VOS NOTES**

- Retranscrivez l'intégralité de vos notes en ajoutant les détails qui vous reviennent à l'esprit après votre rendez-vous. Appuyez-vous sur les mots que vous avez écrits pour vous remémorer les phrases de votre client.
- Réalisez cette retranscription le plus rapidement possible après chaque entretien.

J+1 à J+7 ● **FAIRE ÉVOLUER VOS OUTILS**

- Complétez votre dossier et actualisez-le en permanence. Corrigez ou adaptez vos argumentaires pour être plus efficace.

PLAN D'ACTION 17

Réfuter et traiter les objections

Le commercial qui vend sans jamais rencontrer d'obstacle est une légende; le client qui achète sans objecter est un mythe!

Le but

→ Détecter, identifier et traiter les objections pour **lever les «freins»** exprimés par son interlocuteur et **obtenir l'accord** de son client.

La négociation commence à partir du moment où votre client objecte! C'est, contrairement aux idées reçues, une marque d'intérêt de la part de votre interlocuteur.

CE QUI FAIT LA DIFFÉRENCE

Pour négocier avec votre client, vous devez préalablement avoir bien **déterminé vos marges de manœuvre**: vos délais de livraison sont-ils toujours respectés, vos produits ont-ils rencontré des problèmes de qualité, quelles remises financières sont possibles, en fonction de quelles quantités... Traiter les objections et négocier ne s'improvise pas.

Votre client doit percevoir que vous êtes **ouvert et à l'écoute** de ses objections; une attitude crispée et fermée démontrerait que vous n'êtes pas capable de personnaliser votre solution. Chaque client est unique.

CONSEIL

- **Accueillez positivement les objections**. Évitez les oppositions telles que «pas du tout, je ne suis pas d'accord avec vous» et préférez les formulations valorisantes: «C'est un point important, je comprends ce que vous dites». La valorisation de l'objection est capitale pour démontrer à votre client que vous le comprenez et que ses remarques sont pertinentes.
- **Approfondissez les objections** émises par votre client, creuser pour comprendre un contexte spécifique, une motivation que vous client n'a pas exprimée préalablement.
- **Abstenez-vous de polémiquer** avec votre client: pas de joute verbale pour démontrer à votre interlocuteur qu'il a tort. Il est inutile d'avoir raison si c'est pour perdre un client potentiel.
- **Préparez bien vos entretiens**: certaines objections sont «classiques» et vous devez être capable de les traiter sans stress apparent. Étudiez bien vos gammes de produits et préparez des réponses aux objections types.

Les best practices

Best practice	AVANTAGES	LES + CONSEILS	INCONVÉNIENTS
Utiliser la technique de réfutation simple	• Est réservé aux objections dont la réponse vous semble évidente. Votre produit ou solution dispose des caractéristiques et avantages requis pour contrer l'objection. • Vous permet facilement de démonter votre assurance et votre conviction.	Structurez votre réponse en 3 temps: + Légitimez l'objection: «Vous avez raison, c'est un point important…». + Réfutez l'objection: «C'est pour cela que nous avons…». + Assurez-vous que votre client a bien compris votre message: «Qu'en pensez-vous? Avez-vous besoin d'informations complémentaires?».	• Risque de précipitation en voulant répondre trop vite et en ne laissant pas à son interlocuteur le temps de s'exprimer. • Peut donner la sensation désagréable à son interlocuteur que la réponse est évidente.
Utiliser la technique de réfutation par «compensation»	• Valorise l'ensemble de votre solution et pas simplement un point de détail. • Fait prendre conscience à votre client des points essentiels de votre proposition par rapport à ses besoins.	+ Si votre client soulève un point auquel vous ne pouvez pas apporter de réponse satisfaisante, compensez par un autre argument correspondant à un de ses besoins majeurs: «Des délais de livraison si rapides ne sont possibles que pour de petites quantités…».	• Ne répond pas directement à l'objection du client. • Nécessite une excellente compréhension de la problématique client.
Utiliser la technique de réfutation par fractionnement	• Est très utile pour rendre le prix accessible. • Projette le client.	+ Relativisez l'objection en la ramenant à des proportions plus accessibles pour votre interlocuteur: «Vous n'aurez à effectuer qu'une mise à jour par mois», «Cela ne représente que 4 euros par jour…».	• Se confronte à des clients qui ne sont pas dupes et sont habitués à ce genre d'approche.
Utiliser la technique de réfutation par analogie	• Prouve à votre client que la solution à son objection existe et a fait ses preuves. • Valorise vos réalisations précédentes, vos références.	+ Expliquez et racontez à votre interlocuteur comment un de vos clients partageant la même problématique que la sienne a trouvé dans vos produits une réponse satisfaisante.	• Peut être inadapté du fait de contextes différents où les clients peuvent estimer que le leur est unique.

Les ressources, en interne ou en externe

EN INTERNE

Votre **service marketing** dispose certainement d'outils d'aide à la vente intégrant des réponses aux principales objections que vous pouvez rencontrer.

Les **autres commerciaux** de votre entreprise, votre manager sont également des ressources importantes que vous devez consulter pour tirer partie de leurs expériences.

Identifiez **votre périmètre de négociation** au sein de votre entreprise: conditions générales de vente, enjeux politiques, sociaux et économiques, objectifs personnels et collectifs…

EN EXTERNE

Analysez les **offres de vos concurrents** pour bien déterminer leurs périmètres. Certains clients n'hésitent pas à demander des conditions qui n'existent pas sur votre marché ou à arranger à leur avantage la réalité. C'est aussi ça le jeu de la négociation!

Les outils

Le tableau suivant vous permet de **détecter les différents types d'objection**.

Types d'objection	Définition	Contexte, attitude
Non sincère – Non fondée	Objection «prétexte», votre interlocuteur ne pense pas réellement ce qu'il avance.	Situation possible dans le cadre d'un rendez-vous où vous n'avez pas affaire au décisionnaire par exemple. Votre interlocuteur souhaite probablement écourter l'entretien.
Sincère – Non fondée	Votre client exprime avec conviction et sincérité une objection pour laquelle vous disposez d'une réponse efficiente.	Votre client marque son intérêt pour votre offre. Valorisez et réfutez avec conviction mais humilité.
Sincère – Fondée	Votre client a visé juste ! Son objection est avérée.	Il vous est difficile, voire impossible d'y apporter une réponse directe. Acceptez et utilisez la technique de réfutation par «compensation».

Le budget

Pas de budget spécifique pour savoir réfuter les objections de vos clients, si ce n'est **du temps pour anticiper, préparer, apprendre et progresser**. Néanmoins, un manque de connaissances de votre périmètre de négociation ou une incapacité à traiter les objections de vos clients peut vous coûter quelques affaires.

Les limites

Prévoir une négociation donne toujours des éléments intéressants pour s'adapter aux véritables enjeux du «face-à-face» avec le client; il n'en demeure pas moins qu'il restera une **part non négligeable de découverte** lors de l'entretien.

L'**usage excessif de la marge de négociation** par le commercial est un risque à moyen ou long terme pour son poste et la pérennité de son entreprise.

CRITÈRES DE MESURE DE LA RÉUSSITE

- Vous gardez **votre calme** et ne vous sentez pas déstabilisé lorsque votre client objecte.
- Vous levez facilement les **principaux freins** exprimés par vos clients.
- Vous disposez des **ressources nécessaires** pour construire des réponses pertinentes.
- Vos clients adhèrent à vos solutions et perçoivent votre capacité à apporter des **réponses personnalisées**.

LE PLANNING

EN AMONT

J–30 ● **VOUS PRÉPARER À RÉFUTER DES OBJECTIONS**

- Renseignez-vous auprès de votre entreprise sur vos marges de négociation maximales ainsi que sur celles qui sont couramment utilisées pour les clients (pourcentage de remise, délais de livraison possibles…).
- Récupérez et analysez les outils dont vous pouvez disposer en interne (outils d'aide à la vente…).
- Échangez avec vos collègues pour connaître leurs «best practices» en matière de traitement des objections.
- Élaborez, autour de vos produits et solutions, des tableaux objections/réponses possibles et imaginez les réponses efficientes que vous allez pouvoir apporter lors de vos entretiens de vente.

LE JOUR J

● **TESTER EN SITUATION RÉELLE**

- Testez vos capacités à traiter les objections lors de vos entretiens.
- Observez les réactions de votre client.
- Testez différentes techniques au regard du contexte et de la situation.
- Prenez des notes complémentaires pendant l'entretien en fonction des remarques de votre client.

EN AVAL

J+1 ● **ANALYSER VOTRE ENTRETIEN**

- Retranscrivez l'intégralité de vos notes en ajoutant les détails qui vous reviennent à l'esprit après votre rendez-vous. Appuyez-vous sur les mots que vous avez notés pour vous remémorer les phrases de votre client.
- Réalisez cette retranscription le plus rapidement possible après chaque entretien.
- Réalisez une analyse descriptive de chaque situation, remettez-vous en question sur vos pratiques, votre comportement lors de l'entretien.

● **FAIRE ÉVOLUER VOS OUTILS**

- Complétez et amendez vos outils d'aide à la vente.

PLAN D'ACTION 18

Conclure et prendre congé

Moment charnière de l'entretien où le commercial obtient un accord de son interlocuteur, la conclusion doit arriver au bon moment pour renforcer ses chances d'être positive.

Le but

→ Mettre en œuvre les techniques de conclusion adaptées afin d'obtenir **l'accord de son prospect/client**.

Prendre congé, c'est aussi déterminer et planifier les actions de suivi qu'il faudra initier pour la bonne continuation des opérations.

▶ | CE QUI FAIT LA DIFFÉRENCE

La conclusion ne doit arriver que si vous êtes certain que:

- Vous avez terminé d'exposer votre solution.
- Votre client n'a plus de questions complémentaires.
- Vous avez levé ses objections et répondu à ses préoccupations.
- Il perçoit les bénéfices de votre offre.
- Vos objectifs de négociation sont atteints.

C'est toujours un moment de tension, où votre client **pèse le pour et le contre de votre offre**, se promène entre désir, raison et parfois culpabilité. Votre comportement et votre attitude sont importants pour **ajuster la tension** et rendre ce moment le plus agréable possible pour votre client.

Vous devez **le rassurer et le conforter** pour qu'il développe le sentiment de prendre la bonne décision.

▶ | CONSEIL

Repérez les signaux d'achat émis par votre interlocuteur avant d'entamer la phase de conclusion:

- **Les signaux visuels**: votre client change de posture, est plus souriant, plus détendu, adopte une attitude positive vis-à-vis de votre offre, a envie de prolonger vos échanges pour le plaisir…
- **Les signaux auditifs**: votre client se projette dans l'utilisation de votre produit ou solution. Il parle plus au présent et au futur qu'au conditionnel. Il formule des phrases du type «Je m'en servirai aussi pour…», «Cela me permettra de…». Il pose des questions orientées: «Si nous démarrons l'étude avant janvier, est-ce que…», «Vous vous chargez de la mise œuvre?», sur lesquelles vous pouvez facilement rebondir.

Les best practices

Best practice	AVANTAGES	LES + CONSEILS	INCONVÉNIENTS
La conclusion «résumé et synthèse»	• Est une technique non agressive et progressive. • Résume et valorise votre proposition dans sa globalité.	+ Vous accompagnez votre client dans son processus de décision en résumant calmement et factuellement en quoi votre proposition correspond à ses attentes. + Vous obtenez progressivement, sur chaque point, l'accord de votre client.	• Peut être perçue comme inconfortable pour un client qui se sentirait enfermé dans votre logique.
La conclusion «directe ou implicite»	• Est efficace pour obtenir un accord rapide. • Permet de rebondir sur un signal d'achat fort. • Implique l'acceptation de votre interlocuteur.	+ Vous formulez une proposition de collaboration directe à votre interlocuteur: «Je vous propose de commencer le…», «Pourriez-vous me communiquer votre raison sociale précise pour établir le contrat?» + Vous enchaînez sur une phrase impliquant l'acceptation de votre offre par votre client: «Vous souhaitez un emballage cadeau?», «À quelle date devons-nous établir le contrat?»	• Peut être perçue comme trop directe pour un client ayant besoin d'un temps de réflexion et qui se sentirait contraint d'accepter.
La conclusion dite de «l'avantage perdu»	• Fait prendre conscience du bénéfice rapide de votre solution. • Génère chez votre client une forme de frustration l'incitant à l'achat.	+ Vous formulez une phrase soulignant une perte de bénéfice pour votre client s'il ne se décide pas: «C'est une opération promotionnelle qui se termine dans cinq jours…», «Cette solution peut vous faire réaliser une économie importante dès le premier mois…».	• Peut être perçue comme trop agressive et s'apparenter à une certaine forme de «vente forcée» si vous êtes trop insistant.

Les ressources, en interne ou en externe

EN INTERNE

Votre **service marketing** dispose certainement d'outils d'aide à la vente intégrant différentes méthodologies de conclusion spécifiques à votre activité et à votre environnement. Ayez toujours sur vous l'ensemble des outils dont vous pouvez avoir besoin: bon de commande vierge, documentations techniques…

Les **autres commerciaux** de votre entreprise, votre manager sont également des ressources importantes que vous devez consulter pour tirer partie de leurs expériences.

EN EXTERNE

Vous pouvez suivre des **formations spécifiques sur les techniques de conclusion**. Il existe différentes méthodes de «closing»; consultez les catalogues de formation des nombreux organismes de formation présents sur le marché pour trouver celle qui vous semble la plus adaptée à vos produits et à votre marché.

Les outils

Une astuce pour verrouiller votre vente: **«le coup du berger»**, une approche en trois temps

Le client émet une dernière objection

↓

1) Valorisez l'objection: «C'est un point important»

2) Isolez l'objection: «À part ce point, souhaitez-vous que nous abordions autre chose?»

3) Anticipez la décision, si vous apportez une solution convaincante: «Si je vous apporte une réponse satisfaisante, vous êtes d'accord pour démarrer le...?»

↓

En cas de réponse positive: échec et mat!

Le budget

Il n'existe **pas de budget** spécifique, si ce n'est le coût d'une formation aux techniques de conclusion. Ces formations sont généralement prises en charge dans le cadre des financements que votre entreprise obtient de son OPCA. Consultez votre service ressources humaines.

Les limites

Vous ne réaliserez pas de vente à chaque entretien! Certains sujets ne s'y prêtent pas et nécessitent plusieurs entretiens. Parfois, votre client aura besoin d'**étudier votre proposition**. Déterminez ensemble les prochains rendez-vous physiques ou téléphoniques, actez les différentes étapes nécessaires pour mettre en place une collaboration.

Dans tous les cas, réalisez une prise de congé aussi qualitative que votre prise de contact. Remerciez chaleureusement votre interlocuteur pour son accueil et le temps qu'il vous a consacré. Vous devez laisser, là encore, une excellente impression.

▶ | CRITÈRES DE MESURE DE LA RÉUSSITE

- Vous vous sentez à l'aise pour conclure et utilisez la **bonne technique** en fonction des différentes situations que vous rencontrez.
- Vous atteignez vos **objectifs de chiffre d'affaires** en concluant régulièrement avec de nouveaux clients.
- Vous savez **finaliser vos ventes**, vos négociations ne traînent pas en longueur.
- Vous avez **peu de dossiers qui n'aboutissent sur rien**.

LE PLANNING

EN AMONT

J–30

● ANALYSER VOS PRATIQUES PROFESSIONNELLES

- Réfléchissez à vos précédents entretiens, à la façon dont vous avez conclu vos ventes. Analysez vos succès et vos échecs.
- Identifiez, *a posteriori*, les signaux d'achat que vous avez peut-être manqués.
- Remettez-vous en question et déterminez vos points de progrès.

● VOUS FORMER

- Récupérez les outils d'aide à la vente mis à disposition dans votre entreprise.
- Interrogez, échangez avec vos homologues pour vous enrichir de leurs expériences. Ils ont certainement développé quelques «best practices» dont vous pouvez vous inspirer.

LE JOUR J

● VOUS TESTER EN SITUATION RÉELLE

- Soyez attentif aux signaux d'achat émis par votre client.
- Testez différentes techniques de conclusion en fonction des contextes et situations que vous rencontrez.
- Pensez à convenir avec votre client de la suite à donner au dossier (nouveau rendez-vous, prochaine étape…).
- Prenez congé avec dynamisme en remerciant votre client pour la qualité de son accueil.

EN AVAL

J+1

● ANALYSER VOTRE ENTRETIEN

- Formalisez un compte rendu de l'entretien en ajoutant les détails qui vous reviennent à l'esprit après votre rendez-vous. Appuyez-vous sur les notes que vous avez prises pour vous remémorer les phrases de votre client.
- Réalisez cette retranscription le plus rapidement possible après chaque entretien.
- Identifiez les différents signaux d'achat et la façon dont vous avez conclu l'entretien.
- Remettez-vous en question et travaillez les points qui vous feront progresser.

→OBJECTIF 05
Être créatif dans la vente

Être créatif dans la vente, c'est **prendre plaisir à vendre** au-delà des techniques et des méthodes classiques.

Pour développer son chiffre d'affaires, un vendeur devra savoir faire preuve de créativité en intégrant que **chaque client, chaque histoire sont différents**. De nombreuses possibilités s'offrent à vous: réaliser des ventes complémentaires en proposant des produits s'associant par nature, penser à «monter en gamme» en proposant, en priorité, des produits à plus forte valeur ajoutée… les possibilités sont multiples.

Pour cela, il ne suffit pas simplement de découvrir les besoins de votre interlocuteur, vous devez **découvrir votre client**, et **vous intéresser à son environnement, son histoire**. Il vous délivrera de nombreuses informations complémentaires qui vous permettront d'**être force de propositions et créateur de solutions** auxquelles il n'avait pas forcement pensé.

PLAN D'ACTION 19

Développer ses ventes

Comment faire plus de chiffre alors que vous pensez être arrivé au maximum du possible?

Le but

→ **Augmenter son chiffre d'affaires**.

Outre le fait d'atteindre ses objectifs, un commercial doit **anticiper l'avenir**.

Remettre en question ses pratiques est un point particulièrement difficile, mais pourtant nécessaire pour permettre d'**entrevoir d'autres possibilités dans le métier de commercial**.

Trouver les **moyens de casser la routine** et obtenir de **nouvelles façons d'aborder la vente** est essentiel pour se donner la possibilité d'augmenter son chiffre d'affaires.

CE QUI FAIT LA DIFFÉRENCE

Un commercial qui a compris qu'il fallait **innover dans ses méthodes de vente ou sa façon de présenter ses offres et ses services** ne reste pas dans l'attente que son entreprise le fasse pour lui ou profite des avancées de ses concurrents.

C'est une excellente connaissance du métier et des méthodes qui permet au commercial de **devenir créatif**.

Il y a ceux qui réfléchissent aux problèmes qu'ils rencontrent quotidiennement sur le terrain et il y a **ceux qui cherchent une solution**...

CONSEIL

- Apprenez **les normes, les méthodes et les techniques** par cœur; elles sont votre tremplin vers une meilleure créativité.
- Dissociez chacun des éléments que vous avez l'habitude de présenter ou d'aborder logiquement dans votre vente, puis cherchez le **moyen de les assembler autrement**.

Par exemple, un commercial vendant une voiture à son client a l'habitude de suivre une démarche logique de montée en gamme (vendre une voiture plus cher) et de vente complémentaire (vendre des options), mais tentera plus rarement de vendre deux voitures au même client. Tout simplement parce que ça ne se fait pas et que c'est n'importe quoi... ou pas.

Les best practices

Best practice	AVANTAGES	LES + CONSEILS	INCONVÉNIENTS
Apprendre les normes	• Permet de savoir comment présenter vos produits et services. • Permet d'être à l'aise et de systématiser les réflexes de proposition.	+ Suivez les méthodes et techniques mises au point par votre entreprise en matière de vente. Appropriez-vous les jusqu'à les maîtriser parfaitement. + Cherchez et innovez dans un second temps.	• Impose d'apprendre par cœur. • Oblige à rentrer dans un processus de vente qui ne vous correspond pas forcément. • Finit par «lobotomiser» la vente et le vendeur.
Dissocier les éléments	• Permet d'avoir une meilleure vue d'ensemble de chaque produit/service que vous pouvez vendre sans les rattacher de façon «classique». • Crée de nouveaux liens entre les produits/services et les techniques.	+ Ne fixez pas de limite dans ce que vous pouvez proposer à votre client, il les fixera pour vous. + Prenez séparément chaque élément que vous avez l'habitude de vendre et cherchez autour de celui-ci en écartant ce que vous avez l'habitude de faire.	• Oblige à remettre en cause des pratiques «qui marchent». • Impose de faire la liste de son processus de vente classique.
Imbriquer les éléments	• Permet de découvrir de nouvelles façons d'aborder vos ventes. • Offre de nouvelles pistes de présentation face à vos clients. • Repousse les frontières et les limites fixées par les méthodes et les techniques.	+ Rassemblez, dans un premier temps, les éléments de vente sans tenter de savoir s'il est possible de les mettre en commun. + Cherchez les moyens vous permettant de les faire coïncider en partant de l'environnement de votre client. + Ne tentez pas de transitions «directes» entre deux produits/services qui n'ont pas de sens.	• Donne la sensation de partir dans tous les sens. • Peut aboutir à une impasse en termes de présentation à ses clients. • Demande à être testé à plusieurs reprises pour déterminer la meilleure présentation.

Les ressources, en interne ou en externe

EN INTERNE

C'est à partir **des méthodes et des techniques existantes dans l'entreprise** que vous pourrez innover.

C'est également à l'aide de **vos produits/services** que vous pourrez définir de nouvelles façons de les présenter et de les mettre en relation.

Écoutez les autres commerciaux de votre entreprise. Relevez tout ce qui leur paraît difficile, invendable, impossible, inutile… Prenez **leurs arguments à contre-pied** comme pour vous amuser à prouver le contraire.

EN EXTERNE

Relevez **les méthodes de vente de vos concurrents** et dissociez-les comme pour les vôtres.

Notez également **les objections de vos clients** et tentez d'y répondre en étant d'accord avec eux.

Cherchez vos solutions de vente à travers **l'univers de votre client**, pas seulement par rapport à ses besoins.

Les outils

Voici deux méthodes qui vous offriront des axes de réflexion.

L'analyse à contre-pied (tout le monde dit que c'est impossible, alors prouvez que c'est possible, quelle que soit la difficulté et sans jamais penser à la place des autres):

- Un produit invendable devient excellent parce que…
- Une méthode de présentation inutile devient indispensable…
- Un service impossible à placer dans la vente devient possible en le présentant d'une autre façon ou à un autre moment.
- Une vente complémentaire systématisée et habituelle passe après une vente additionnelle.

L'analyse en appui (vous allez dans le sens de ce que vous dit votre interlocuteur et vous apportez une réponse positive):

- Un client critique votre vitesse de livraison… Il a raison, et c'est ce qui vous permet aujourd'hui de tenir vos délais et de ne jamais être en retard.
- Un client n'aime pas la couleur de l'un de vos produits… Il a raison, et c'est pour cela que vous disposez d'une gamme complète de produits proposant différentes couleurs pour s'adapter à tous les goûts.
- Un client critique la solidité de vos produits… Il a raison, et c'est pourquoi vous insistez sur leur délicatesse et leur élégance.

Le budget

Dans le domaine de la créativité, aucun budget n'est nécessaire; il suffit de faire bouger **votre matière grise et vos neurones**.

Les limites

S'agissant de créativité, il n'existe **aucune limite**. En tout cas, aucune que nous connaissions.

«Les objectifs impliquent des limites et c'est dans ces limites que l'on recherche des solutions et de l'innovation.» Il va de soi qu'il est toujours difficile, voire impossible d'innover en ayant ce type de réflexion, car les seules limites qui vous seront imposées seront les vôtres…

CRITÈRES DE MESURE DE LA RÉUSSITE

- **Vous avez innové**: méthodes de vente, de présentation, nouvelle appréciation du marché sur lequel vous travaillez, produits et services que vous avez pu associer alors que ce n'était pas le cas auparavant…
- **Vous avez augmenté votre «moyenne» de chiffre d'affaires** à chaque vente ou encore le nombre «moyen» d'articles et/ou de services vendus.
- Vous avez réussi à **passer d'une forme de vente à une autre** (vente, puis vente complémentaire, puis vente supplémentaire, puis à nouveau vente complémentaire, etc.).

LE PLANNING

EN AMONT

J–20 ● **POSER LES NORMES**

- Identifiez tous les éléments de la vente: techniques, méthodes, produits, services, livraisons, paiements...

J–18 ● **DISSOCIER LES HABITUDES DE VOCABULAIRE**

- Utilisez les faits pour expliquer chaque méthode et décomposez chaque élément. Par exemple: à quelle réalité correspondent des valeurs données en décimale ? «Nous vendons 2,3 articles par client» donne: «Nous vendons 23 articles à 10 clients»: combien, sur ces dix clients, ont acheté un seul article?

J–15 ● **ASSOCIER LES ÉLÉMENTS**

- Trouvez les passerelles permettant de présenter des articles ou des services ne faisant pas habituellement partie des normes. Par exemple: «Lorsque je suis chez mes clients, ils m'achètent en moyenne 4 produits et il est rare que je puisse en vendre plus» donne: «Qu'est-ce qui, dans l'environnement du client, ferait que je pourrais lui en proposer plus?»
- Trouvez la façon de passer d'un produit à un autre. Par exemple: «Le client souhaite un type d'article bien spécifique, je ne peux pas lui proposer un produit qui ne lui correspond pas» donne: «Comment, dans ma recherche des besoins du client, puis-je obtenir une information qui me permettra de lui présenter un autre produit?»

LE JOUR J

● **PROVOQUER VOTRE CRÉATIVITÉ**

- Amusez-vous à parcourir des chemins inhabituels, testez les points que vous avez relevés en amont lorsque vous êtes face à votre client.
- Prenez l'habitude de chercher comment amener votre client à découvrir par lui-même ce dont il n'a, *a priori*, pas besoin.
- Notez dans un carnet ce qui marche et ce qui ne marche pas.

EN AVAL

J+1 ● **RELIRE**

- Relisez vos notes et interrogez-vous sur ce qui n'a pas fonctionné.
- Ne rejetez pas la faute sur un tiers (client, concurrent...).
- Interrogez-vous sur les informations que vous avez recueillies lors de votre entretien. Avez-vous creusé suffisamment la connaissance de votre client et de son environnement?

J+2 ● **GRAVER VOS INNOVATIONS**

- Écrivez vos «best practices», vos «nouveautés», pour pouvoir les relire régulièrement et les faire évoluer.
- Parlez-en autour de vous. Les critiques, positives ou négatives, vous aideront à avancer et à vous améliorer.

J+7 ● **TRANSMETTRE VOS «BEST PRACTICES»**

- Donnez vos trucs, astuces, nouvelles pratiques et méthodes à votre entourage professionnel et à votre hiérarchie afin d'en faire profiter votre entreprise. Le libre-échange d'informations permet de créer une dynamique de construction avec vos collègues et votre hiérarchie.

PLAN D'ACTION 20 La vente complémentaire

Elle est couramment utilisée pour associer des produits ou services en lien direct avec l'achat du client qui en sont le complément logique.

Le but

→ Augmenter sans difficultés le chiffre d'affaires de vos ventes en trouvant tout ce qui permet, au cours la vente, d'être **complémentaire avec le premier achat du client**.

Travailler la notion de vente complémentaire permet de générer **des réflexes automatiques et simples** pour présenter d'autres articles à son client.

▶ | CE QUI FAIT LA DIFFÉRENCE

La vente complémentaire nécessite **une découverte des besoins de son client très importante** puisqu'elle se rapporte à son premier achat et va donc très naturellement **s'y associer**.

Elle génère automatiquement une augmentation de chiffre grâce à **une association naturelle** que le client peut faire lui-même (à l'achat d'une voiture, s'associent les options; à l'achat d'un bureau, le fauteuil; à l'achat d'un ordinateur, celui d'une imprimante...), mais pour laquelle il tentera de rester raisonnable. Vous n'êtes pas à l'abri de proposer une «solution» qui retiendra l'attention de votre client. Les ventes complémentaires concernent parfois un ensemble d'accessoires ou d'options dont le prix reste raisonnable: une extension de garantie, un logiciel de contrôle parental lors de l'achat d'un ordinateur si vous avez découvert qu'il a de jeunes enfants...

Le commercial se doit de proposer **systématiquement** et **dès que l'occasion se présente** ses ventes complémentaires **pendant la vente**.

▶ | CONSEIL

- Utilisez la vente complémentaire pour **créer des automatismes de vente** et vous permettre de générer plus de chiffre d'affaires.
- Préparez **les associations de produits entre eux** pour réaliser vos ventes complémentaires rapidement et aisément.
- Une vente complémentaire se propose **pendant la vente**, pas à la fin. N'attendez pas que votre client «verrouille» son budget pour lui présenter vos autres offres. Vous devez pouvoir y revenir lors de votre conclusion ou attendre que votre client y revienne naturellement.
- Présentez votre offre complémentaire sous forme de **solution** afin que votre client en perçoive le **bénéfice** (une extension de garantie lui permettra de conserver son appareil en bon état pendant trois ans, votre option «*just in time*» lui garantit un accès prioritaire à votre service réservation...).

Les best practices

Best practice	AVANTAGES	LES + CONSEILS	INCONVÉNIENTS
Répertorier les ventes complémentaires	• Permet, en partant de vos produits principaux, d'y associer d'autres produits qui les complètent. Par exemple: un sommier peut être complété par un matelas; une voiture par des options; un ordinateur par une imprimante; un voyage par des assurances; un canapé par une table basse…	+ Répertoriez toutes vos typologies de vente complémentaire et ne vous arrêtez pas au plus simple ou au plus logique. Par exemple: s'il y a déjà des jantes sur un véhicule, proposez-en des plus esthétiques; si des clients possèdent déjà une table basse lors de l'achat de leur canapé, rien ne vous empêche de leur en proposer une.	• Risque de se freiner à cause de sa logique ou parce que l'on ne le ferait pas pour soi. • Risque de s'enfermer dans une seule forme de vente complémentaire parce que tout le monde le fait.
Adapter vos phrases à la vente complémentaire	• Permet d'avoir une logique de présentation et des phrases «prêtes à l'emploi». • Vante les avantages des produits complémentaires pendant la présentation.	+ Adaptez vos phrases à plusieurs situations possibles. Par exemple, un client peut choisir des jantes différentes lors de l'achat de sa voiture pour plusieurs raisons: la sécurité (les jantes étant plus larges, les roues qui s'adapteront dessus permettront une meilleure tenue de route); l'orgueil (les jantes en alu donnent une allure sportive ou élégante à la voiture); le confort (certaines jantes se remplacent aisément), etc.	• Peut donner l'impression à son client que l'on cherche à lui vendre tout ce que l'on a en stock. • Demande un travail d'adaptation de son discours par rapport aux réponses de son acheteur.
Automatiser l'usage de la vente complémentaire	• Permet de proposer systématiquement pour un produit/service un ou plusieurs autres produits/services. • Permet au client d'adapter son budget si nécessaire lors de la conclusion.	+ Faites la proposition de façon systématique. + Ne pensez jamais à la place du client. + Ne vous fiez pas à ce que vous voyez. + Ne proposez pas la vente complémentaire à la fin de la vente sans l'avoir abordée auparavant.	• Peut passer pour de la vente forcée si la vente complémentaire n'a pas de sens.

Les ressources, en interne ou en externe

EN INTERNE

Utilisez **les méthodes déjà mises en place au sein de votre entreprise**. Elles font, en règle générale, partie des techniques de vente existantes.

D'autres commerciaux ont certainement leurs habitudes et leurs techniques propres; échangez avec eux pour obtenir le maximum.

Restez également à l'écoute de ce qui paraît impossible, inenvisageable, inutile et vérifiez s'il existe **des possibilités de développement** (cf. plan d'action 19).

EN EXTERNE

Puisez les ressources de **vos concurrents** sur le terrain, mais aussi sur Internet. Notez ce qu'ils font en matière de vente complémentaire. Ne vous arrêtez pas à des produits ou services qu'ils proposent et que vous ne possédez pas.

Un commercial trouve les ressources à travers ce qu'il peut vendre, et non en s'inventant des excuses sur ce qu'il pourrait vendre.

Les outils

Vous pouvez utiliser un tableau comme celui-ci pour créer vos liens en vente complémentaire.

Produit/Service principal	Produit/Service complémentaire	Quand faut-il en parler?	Avec quelle forme de phrases?
Une tablette (ipad)	Une house	Dès la présentation de l'appareil	C'est un très bel outil; pour le préserver des chocs et/ou d'une éventuelle chute, nous disposons de housses adaptées…
	Un clavier bluetooth	Dès la présentation de l'appareil	Vous m'avez dit que vous alliez l'utiliser pour taper vos rapports: un clavier externe rendra la saisie plus confortable.
Un contrat d'assurance habitation	Garantie décès complémentaire	Dès la présentation du contrat	Nous proposons une option complémentaire garantissant à votre famille un capital important en cas de…

Le budget

Aucun budget n'est nécessaire pour alimenter votre argumentaire de vente et développer vos offres.

Les limites

Un grand nombre de commerciaux tombent dans le piège de la vente complémentaire banalisée sans chercher forcément **à la développer ou à la proposer correctement**. Elle est rarement expliquée dans son ensemble ou utilisée à bon escient et au bon moment. C'est d'ailleurs la principale raison de son échec en clientèle.

CRITÈRES DE MESURE DE LA RÉUSSITE

- La vente complémentaire est présentée **au bon moment** pendant la vente, pour ensuite être effective lors de la conclusion.
- Elle est **systématique** lorsque le produit ou le service le permet.
- Elle a un **impact direct sur vos indicateurs** de performance en nombre de ventes et en augmentation de la moyenne de votre chiffre d'affaires.

LE PLANNING

EN AMONT

J–8 ● **RÉPERTORIER LES POSSIBLES VENTES COMPLÉMENTAIRES**

- Établissez la liste de toutes les ventes complémentaires possibles en rapport avec vos offres.

J–7 ● **TISSER LES LIENS**

- Envisagez tous les liens possibles entre vos produits/services et leurs compléments naturels.

J–6 ● **TROUVER LEUR POSITION**

- Définissez le moment le plus approprié de l'entretien de vente pour présenter votre vente complémentaire.

J–5 ● **AJOUTER DU TEXTE**

- Trouvez les mots et les phrases qui vous permettent de la proposer comme étant en lien direct avec le produit/service choisi par votre client.

J–1 ● **SYSTÉMATISER LA VENTE COMPLÉMENTAIRE**

- Imposez-vous de la proposer systématiquement à vos clients.

LE JOUR J

● **PROPOSER SYSTÉMATIQUEMENT**

- Pendant l'entretien de vente et si votre offre le permet, votre ratio de présentation de la vente complémentaire doit être de 1, c'est-à-dire une proposition pour chaque client.

EN AVAL

J+1 ● **ANALYSER VOTRE VENTE**

- Constatez si vous avez pu systématiser votre vente complémentaire; si non, engagez-vous personnellement à le faire.
- Déterminez les raisons qui auraient pu vous empêcher de présenter votre vente complémentaire et trouvez une solution objective.
- Recherchez d'autres façons d'amener la présentation de votre vente complémentaire.

J+2 ● **CORRIGER LA PRÉSENTATION**

- Changez le moment de la présentation ou la façon de présenter votre vente complémentaire si nécessaire.

PLAN D'ACTION 21

La montée en gamme

Elle est utilisée pour augmenter la valeur d'achat d'un article ou d'un service et se justifie pour offrir une meilleure qualité ou de plus fortes prestations.

Le but

→ Augmenter **la valeur d'achat du client sur chaque article ou service** qui l'intéresse.

Travailler la notion de montée en gamme permet d'augmenter la valeur totale d'achat du client et, de fait, **la moyenne de vos ventes** en rapport avec vos indicateurs de performance.

Gardez à l'esprit toutes les montées en gamme possibles sur chacun de vos produits ou services.

▶ | CE QUI FAIT LA DIFFÉRENCE

Une bonne connaissance de ses produits et services est nécessaire afin de pouvoir orienter son client vers un choix forcément plus cher. Encore une fois, **la découverte du client** rendra la tâche plus aisée.

Le commercial se doit donc de connaître parfaitement les attentes du client et ses produits/services pour utiliser des arguments en corrélation.

La montée en gamme génère une augmentation de chiffre par **une proposition plus qualitative, mais plus cher**. Par exemple, lors de l'achat d'une voiture, un modèle au dessus sera proposé; lors de l'achat d'un bureau, le bois sera de meilleure qualité; à l'achat d'un ordinateur, le modèle sera plus puissant…

▶ | CONSEIL

- Tentez une montée en gamme de façon systématique, mais toujours **en rapport avec les informations** que vous avez recueillies de votre client.
- Apprenez par cœur toutes vos gammes de produits et services pour faire **un lien automatique** avec ce que vous pouvez proposer en montée en gamme.
- La découverte du client est essentielle pour réussir. À la fin de celle-ci, présentez ce que le client a choisi ainsi que **deux autres possibilités au minimum**. L'une légèrement plus cher et l'autre beaucoup plus cher.

Les best practices

Best practice	AVANTAGES	LES + CONSEILS	INCONVÉNIENTS
Répertorier la montée en gamme	• Permet, en partant d'un produit, d'augmenter le coût à l'aide d'un produit similaire. Par exemple: un sommier qui offre de meilleurs renforts; une voiture plus puissante; un voyage avec plus de prestations; un ordinateur plus puissant; un canapé confectionné dans de meilleurs matériaux…	+ Vous devez connaître toutes vos offres sur le bout des doigts et savoir comment passer de l'une à l'autre. + Ne pensez jamais que la montée en gamme n'existe pas ou n'est pas possible.	• Peut donner l'impression au client que l'on cherche à lui vendre le plus cher possible.
Adapter les phrases à la montée en gamme	• Permet de proposer plusieurs solutions à différents prix. • Provoque l'envie de passer à des gammes supérieures.	+ Utilisez les phrases pour proposer des produits ou services plus cher en les associant, le plus souvent, à un visuel ou à une preuve.	• Demande un travail d'adaptation du discours par rapport aux réponses de son acheteur.
Automatiser l'usage de la montée en gamme	• Permet de respecter le ratio: 1 produit/service choisi par le client = 2 propositions systématiques de produits/services. • Permet au client d'adapter son budget si nécessaire lors de la conclusion.	+ Faites les trois propositions (celle du client et les deux vôtres) de façon systématique. + Ne pensez jamais à la place du client. N'imaginez pas qu'il n'a pas les moyens simplement parce qu'il a choisi un produit moins cher. + Ne vous fiez pas à ce que vous voyez.	• Lorsque la montée en gamme n'a pas de sens, peut apparaître comme une vente à l'arrachée.

Les ressources, en interne ou en externe

EN INTERNE

Il existe sûrement **des méthodes et des techniques déjà mises en place** dans votre entreprise.

D'autres commerciaux ont certainement leurs habitudes et leurs techniques propres; échangez avec eux pour en connaître le fonctionnement.

EN EXTERNE

Puisez dans les ressources de **vos concurrents** sur le terrain, mais aussi sur Internet. Notez ce qu'ils font en matière de montée en gamme et ce qu'il est possible de faire. Ne vous arrêtez pas aux produits ou services qu'ils proposent et que vous ne possédez pas.

Un commercial trouve les ressources à travers ce qu'il veut vendre et non à travers ce qu'il voudrait vendre.

Les outils

Utilisez le tableau suivant pour développer vos montées en gamme.

Produit/Service principal	Produit/Service «Plus»	Comment le présenter?	À partir de quelle information client?
Une voiture	Une version break, plus cher, du véhicule sélectionné.	En valorisant un besoin détecté lors de la phase de découverte: «Pour vos déplacements en famille, ce véhicule existe en version break, vous permettant d'y mettre facilement une poussette et des bagages…»	Une famille nombreuse.
Un séjour au soleil en club	Un hôtel club plus haut de gamme	« Vous souhaitez vous reposer après cette période de forte activité ; cet hôtel 4 étoiles propose un espace Thalasso très agréable… »	Besoin clairement exprimé de se reposer

Le budget

Aucun budget n'est nécessaire pour réaliser vos montées en gamme.

Les limites

L'une des plus grandes faiblesses liées à la montée en gamme est la **peur de proposer des produits de plus en plus cher**. Le commercial a souvent tendance à se mettre à la place de son client et à penser pour lui.

La seule limite à la montée en gamme est le **«stop» du client**. Et encore, c'est à partir de ce moment que la vente commence véritablement, car il vient d'émettre sa première objection.

▶ | CRITÈRES DE MESURE DE LA RÉUSSITE

- La montée en gamme fait **progresser la moyenne de votre chiffre d'affaires** de façon très significative, bien plus que la vente complémentaire en règle générale.
- Vous parvenez à présenter de façon **systématique** la montée en gamme.
- Elle a un **impact direct sur vos indicateurs** de performance, notamment en termes d'augmentation de la moyenne de votre chiffre d'affaires.

LE PLANNING

EN AMONT

J–10 ● **RÉPERTORIER LES POSSIBLES MONTÉES EN GAMME**

- Définissez les montées en gamme possibles pour chacun de vos produits/services.

J–9 ● **TROUVER LEUR POSITION**

- Déterminez à quel moment proposer votre montée en gamme.

J–8 ● **AJOUTER DES PHRASES**

- Trouver les phrases qui vous permettent de proposer votre montée en gamme comme étant en lien direct avec le produit/service choisi par votre client.

J–7 ● **SYSTÉMATISER LA MONTÉE EN GAMME**

- Imposez-vous de la proposer systématiquement à vos clients.

LE JOUR J

● **PROPOSER SYSTÉMATIQUEMENT**

- Pendant l'entretien de vente, vous devez vous astreindre à réaliser le plus souvent possible une montée en gamme.

EN AVAL

J+1 ● **ANALYSER VOTRE VENTE**

- Constatez si vous avez pu réaliser votre montée en gamme; si non, interrogez-vous sur les raisons.
- Trouvez une solution objective.
- Recherchez d'autres façons d'amener la présentation de votre montée en gamme.

J+2 ● **CORRIGER LA PRÉSENTATION**

- Changez le moment ou la façon de présenter votre montée en gamme.

PLAN D'ACTION 22

La vente additionnelle

Elle représente l'addition de produits ou services similaires vendus en plus au client. Il en achète un, vous en vendez deux, trois, quatre…

Le but

→ **Augmenter le nombre de produits/services** achetés par le client.

Travailler la vente additionnelle permet d'augmenter son chiffre d'affaires de façon différente.

Comprendre l'incidence de la vente additionnelle permet de la proposer plus souvent.

▶ | CE QUI FAIT LA DIFFÉRENCE

La vente additionnelle nécessite de bien connaître son client; seuls les commerciaux s'intéressant à **l'histoire et à l'historique de leur client** pourront aisément la proposer.

Elle génère une augmentation de chiffre par **une proposition plus quantitative**. Par exemple, l'achat d'une voiture sera remplacé par celui d'un modèle break; lors de l'achat d'un bureau, des rallonges pour en augmenter la surface peuvent être proposées; pour l'achat d'un ordinateur, deux disques durs seront vendus…

Le commercial se doit de connaître parfaitement l'histoire de son client, mais aussi d'**anticiper le futur**. C'est une bonne connaissance des besoins habituels ou à venir qui permettra d'identifier la vente additionnelle.

▶ | CONSEIL

La vente additionnelle est souvent liée à des **habitudes de consommation** du client. Le principe du «stock 0» va à l'encontre de la vente additionnelle et rendra souvent plus difficile sa proposition.

La **projection des besoins** du client dans le futur peut vous permettre d'y remédier.

Il est important de donner **du sens** à l'augmentation du nombre de produits/services au client.

Les best practices

Best practice	AVANTAGES	LES + CONSEILS	INCONVÉNIENTS
Répertorier la vente additionnelle	• Permet, en partant d'un produit, d'en augmenter le nombre vendu. Par exemple: un sommier sera remplacé par un double sommier; la voiture vendue sera plus grande; l'ordinateur aura plus de stockage; le voyage durera plus longtemps; le canapé sera plus grand…	+ Grâce à une bonne connaissance de l'histoire de votre client, vous pourrez l'aider à imaginer son futur et donc l'emmener vers une vente additionnelle. Par exemple: pour l'achat d'un voyage de 7 jours, faites en sorte de proposer 10 à 12 jours avec les avantages que cela apporte (en dehors du prix bien sûr).	• Risque de se freiner à cause de sa logique ou parce qu'on ne le ferait pas pour soi. • Est difficilement réalisable avec tous les produits et services.
Adapter les phrases à la vente additionnelle	• Permet de justifier l'augmentation du nombre. • Suscite l'envie d'acheter plus de produits/services.	+ Adaptez vos phrases à la présentation de votre vente additionnelle. Évitez de vous appuyer sur la réduction du prix accordée pour un achat quantitatif, mais plutôt sur les avantages «agréables», «utiles», «plaisants»…	• Peut donner l'impression à son client que l'on cherche à lui vendre tout ce que l'on a en stock. • Demande un travail d'adaptation de son discours par rapport à l'historique de l'acheteur.
Automatiser l'usage de la vente additionnelle	• Permet de respecter le ratio: 1 produit/service choisi par le client = 2, 3, 4, 5 produits/services identiques proposés. • Permet au client d'adapter son budget et de l'anticiper pour l'avenir.	+ Faites la proposition de façon systématique. + Ne pensez jamais à la place du client. + Ne vous fiez pas à ce que vous voyez.	• Risque de proposer la vente additionnelle dès que possible après le premier choix du client. • Peut donner la sensation à l'acheteur que le vendeur cherche à vendre sans prendre en compte ses besoins réels.

Les ressources, en interne ou en externe

EN INTERNE

Utilisez les **méthodes déjà mises en place** au sein de votre entreprise. Elles font, en règle générale, partie des techniques de vente existantes.

D'autres commerciaux ont certainement une connaissance précise de la façon dont on peut proposer une augmentation de ventes d'un produit/service.

Consultez **l'historique des commandes** de vos clients pour vous faire une idée de ses habitudes d'achat et de consommation.

EN EXTERNE

Renseignez-vous sur la façon dont **vos concurrents** passent leurs commandes et adaptez ce qui vous semble pertinent. Ne vous bloquez pas sur la quantité des produits ou services qu'il est, *a priori*, possible de vendre.

Un commercial trouve ses ressources à travers une infinité de ventes et non en s'inventant des excuses sur une limitation de ses ventes.

Les outils

Utilisez le tableau suivant pour développer vos ventes additionnelles:

Produit/Service principal	Quelle quantité est-il possible de vendre en plus?	Comment présenter les ventes additionnelles?	À partir de quel historique client?
Un voyage en Laponie de 4 jours comprenant un raid en moto-neige	2, 3 ou 4 jours en plus, à vous de sonder votre client.	En valorisant un souhait détecté lors de la phase de découverte: «Vous êtes sportif et vous aimez les grands espaces, nous proposons aussi un raid en chiens de traîneau dans nos programmes de 7 jours…»	Les voyages qu'il a précédemment réalisés avec votre agence, ceux qu'il a évoqués lors de vos échanges…
10 cartons de ramettes pour copieur	Vendre 5 ou 10 cartons de plus	« À partir d'une commande supérieure à 15 cartons, vous bénéficiez d'une remise progressive de 2 % pou 15 cartons, 3 % pour 20 cartons… »	Recherche de tarifs avantageux, d'économie…

Le budget

La vente additionnelle peut générer une **remise due à la quantité** de produits/services vendus. Prévoyez cette éventualité dans votre présentation.

La remise n'est valide qu'à partir de l'engagement de signature du client, jamais avant…

Les limites

Vendre pour vendre (l'augmentation de la quantité donne cette sensation) est le risque principal lié à la vente additionnelle; elle peut donner une très mauvaise image du vendeur.

La principale limite de la vente additionnelle est **le «stop»** du client. Mais c'est aussi à partir de ce moment que commencent véritablement la vente et le rôle du vendeur.

CRITÈRES DE MESURE DE LA RÉUSSITE

- La vente additionnelle fait progresser la totalité de votre chiffre d'affaires, d'autant qu'elle peut facilement être liée à la vente complémentaire.
- Vous parvenez à trouver une raison qui a du sens pour proposer une augmentation du nombre de produits/services à vendre à votre client.
- La vente additionnelle a un impact direct sur vos indicateurs de performance, notamment en termes d'augmentation du volume total de votre chiffre d'affaires.

LE PLANNING

EN AMONT

J–7 ● **RÉPERTORIER LES POSSIBLES VENTES ADDITIONNELLES**

- Déterminez dans quel cas de figure et pour quelles raisons vous pouvez présenter la vente additionnelle.

J–6 ● **TROUVER LES LIENS**

- Apprenez à poser les questions qui vous permettront de comprendre l'histoire de votre client.

J–5 ● **TROUVER LEUR POSITION**

- Définissez comment positionner dans le contexte et l'environnement du client le fait d'acheter en quantité plus importante.

J–2 ● **AJOUTER DU TEXTE**

- Trouvez les mots et les phrases qui vous permettent de proposer la vente additionnelle.

LE JOUR J

● **PROPOSER SYSTÉMATIQUEMENT**

- Pendant l'entretien de vente, pensez à comprendre l'histoire de votre client et l'intérêt qu'il aurait à acheter plus.
- Trouvez l'avantage pour l'avenir de votre client apporté par l'achat en quantité plus importante.

EN AVAL

J+1 ● **ANALYSER VOTRE VENTE**

- Constatez si vous avez pu entrer dans l'historique de consommation de votre client.
- Recherchez les raisons qui vous ont empêché de présenter votre vente additionnelle et trouvez une solution objective.

J+2 ● **CORRIGER LA PRÉSENTATION**

- Changez la façon de présenter votre vente additionnelle si nécessaire.

PLAN D'ACTION 23

La vente supplémentaire

Également appelée «changement d'axe», elle permet de présenter des produits et/ou services non attendus ou non désirés par le client.

Le but

→ Proposer des **produits/services non prévus par le client**.

Travailler la vente supplémentaire permet de changer sa façon de vendre et d'explorer des sentiers inconnus pour le vendeur.

Comprendre l'incidence de la vente supplémentaire permet de donner un nouveau souffle à la vente.

CE QUI FAIT LA DIFFÉRENCE

Un client possède des besoins révélés et des besoins latents:

- **Un besoin révélé** est un besoin reconnu par votre client; c'est un achat qu'il doit réaliser à court ou moyen terme.
- **Un besoin latent** est un besoin non exprimé par votre client; c'est un possible achat à moyen ou long terme.

80 % des ventes «classiques» sont réalisées sur la base des besoins révélés. La vente supplémentaire aide à **déclencher les besoins latents** des clients.

CONSEIL

- Grâce à la vente supplémentaire, emmenez votre client sur **d'autres produits/services que vous vendez** sans pour autant que ceux-ci aient un rapport entre eux.
- Comprenez **l'environnement de votre client et ses habitudes de vie** de façon à aller vers la vente supplémentaire.
- Donnez beaucoup de sens à la vente supplémentaire pour qu'elle apparaisse intéressante aux yeux du client.
- Privilégiez la découverte de votre client pour récolter de nombreuses informations que vous pourrez utiliser par la suite.
- Écoutez ce que dit votre client et pas simplement les informations relatives à l'objet de votre entretien.

Les best practices

Best practice	AVANTAGES	LES + CONSEILS	INCONVÉNIENTS
Répertorier la vente supplémentaire	• Permet, en partant d'un produit, d'aller vers un produit sans rapport direct avec le premier. Par exemple: la vente d'un sommier et d'une armoire; une voiture et une caravane; un ordinateur et un bureau; un voyage et une location de voiture; un canapé et une télévision…	+ La découverte de votre client est encore plus importante pour réaliser une vente supplémentaire. Par exemple: pour l'achat d'un costume, faites parler votre client de ses week-ends pour l'amener vers des produits plus «sportswear».	• Risque de dispersion et de perte de l'objectif originel. • Est difficile à mettre en œuvre au début.
Adapter les phrases à la vente supplémentaire	• Permet de s'orienter vers d'autres univers du client. • Suscite l'envie d'acheter plus de produits/services différents.	+ Adaptez vos phrases pour amener votre client à parler de son environnement.	• Peut donner l'impression à son client que l'on perd le fil de son entretien. • Demande un travail d'adaptation à son interlocuteur.
Automatiser l'usage de la vente supplémentaire	• Permet de respecter le ratio: 1 produit/service choisi par le client = d'autres produits/services sans rapport direct. • Introduit l'idée de l'achat supplémentaire dans l'esprit du client. • Permet au client d'adapter son budget et de l'anticiper pour l'avenir.	+ Apprenez à parler de façon systématique de sujets qui vous permettront d'aller sur d'autres ventes. + Ne pensez jamais à la place du client. + Ne vous fiez pas à ce que vous voyez.	• Risque de proposer la vente supplémentaire sans lien avec l'histoire du client. • Peut donner la sensation au client que le vendeur tourne en rond.

Les ressources, en interne ou en externe

EN INTERNE

Il existe **peu de méthodes** mises en place dans les entreprises concernant les ventes supplémentaires et, lorsqu'elles existent, elles sont souvent le fait de cas isolés, de commerciaux plus à l'aise que d'autres ou encore de coups hasardeux.

EN EXTERNE

Les commerciaux concurrents ne vous aideront pas beaucoup plus, car ils ne sont pas nombreux à être avertis à la vente supplémentaire.

Cherchez des informations en rapport avec votre activité et vos produits/services sur Internet pour identifier **des «ponts»** permettant d'aborder d'autres sujets avec votre client.

Un commercial trouve ses ressources à travers son client et pas en s'inventant des excuses à cause de son client.

Les outils

Utilisez le tableau suivant pour développer vos ventes supplémentaires:

Produit/Service principal	Produits/Services pouvant être amenés vers l'environnement client	Comment les présenter?	À partir de quelles informations?
Un canapé	Une TV de grande taille	En permettant à votre client de se projeter positivement: «Vous allez pouvoir profiter d'un confort exceptionnel pour regarder un bon film…»	Vous vous êtes intéressé à l'ameublement, à la surface du salon, vous avez détecté que votre client disposait d'un petit écran situé assez loin du canapé…
Un contrat d'assurance habitation	Un contrat d'assurance maladie pour animaux domestiques	« Nous disposons également d'une gamme d'assurance santé remboursant jusqu'à 100 % des frais vétérinaires. »	Descriptif de l'habitation, présence d'animaux…

Le budget

Aucun investissement financier particulier n'est à prévoir pour réaliser des ventes supplémentaires.

Les limites

La vente supplémentaire est l'une des plus complexes et celle qui peut amener le commercial à se **perdre dans son argumentation**.

Votre client peut ressentir un entretien qui a **tendance à se disperser**.

La principale limite de la vente supplémentaire est l'incapacité du vendeur à faire ressortir les éléments lui permettant de **changer l'axe de sa vente**.

Dans certaines entreprises ou enseignes, **la sectorisation** empêche les vendeurs de proposer d'autres produits parce qu'ils ne font pas partie de leur «rayon».

CRITÈRES DE MESURE DE LA RÉUSSITE

- La vente supplémentaire fait progresser la totalité de votre chiffre d'affaires, vous la ressentez comme un véritable **«booster» de vente**.
- Vous parvenez à emmener votre client sur d'autres sujets et à lui vendre des produits qui ne font pas partie de **ses attentes d'origine**.
- La vente supplémentaire a un **impact direct sur vos indicateurs** de performance notamment en termes d'augmentation du volume total de votre chiffre d'affaires.

LE PLANNING

EN AMONT

J–7 ● **RÉPERTORIER LES POSSIBLES VENTES SUPPLÉMENTAIRES**

- Définissez les éléments qui vous permettent d'emmener votre client sur d'autres terrains susceptibles de l'intéresser.

J–6 ● **TROUVER LES LIENS**

- Utilisez la découverte de votre client à bon escient pour découvrir la passerelle vers ses besoins latents.

J–5 ● **TROUVER LEUR POSITION**

- Trouvez le moment opportun pour en parler et changer l'axe de votre vente sans perdre de vue votre vente originelle.

J–4 ● **AJOUTER DU TEXTE**

- Trouvez les mots et les phrases qui vous permettent de changer d'axe et de réveiller les besoins latents de votre client.

LE JOUR J

● **FAIRE PREUVE D'OPPORTUNISME**

- Amenez dans votre conversation la passerelle vers les ventes supplémentaires.
- Proposez à votre client vos ventes supplémentaires toujours en lien avec votre vente principale.
- Terminez votre entretien de vente en réalisant les deux ventes.

EN AVAL

J+1 ● **ANALYSER VOTRE VENTE**

- Constatez si vous avez pu créer la passerelle vers votre vente supplémentaire et ce qui vous a permis de le faire.
- Recherchez de nouvelles façons d'amener vos ventes supplémentaires et exercez-vous.

J+2 ● **CORRIGER VOTRE CHANGEMENT D'AXE**

- Modifiez la façon d'amener votre changement d'axe si nécessaire.

→ OBJECTIF 06

Adapter sa vente aux comportements clients

La communication est probablement l'outil fondamental que doit maîtriser un commercial. L'acte de communication est par nature situationnel, il dépend de votre propre perception des événements et de celle de vos interlocuteurs. La manière dont vous communiquez **reflète votre personnalité**, et la façon dont vos clients interprètent vos messages **dépend de leur propre personnalité**.

Nous avons souvent tendance à penser que ce qui est clair pour nous l'est forcément pour les autres ! Hélas, il n'en est pas ainsi ; la relation client est une **connexion bilatérale où l'acte de communication peut être déformé au regard de l'interprétation de chacun**.

En effet, entre ce que vous pensez, ce que vous voulez dire, ce que vous dites, ce qui est entendu, ce qui est compris et ce qui est appliqué, les spécialistes de la communication parlent d'une **déperdition pouvant aller jusqu'à 80 % du message** !

L'acte de communication n'est pas seulement un acte verbal, vos expressions, votre attitude et votre prosodie (ton, rythme, volume) sont autant d'éléments qui **modifient votre message** et **peuvent donner lieu à des interprétations différentes**.

PLAN D'ACTION 24 Le prisme de communication dans la vente

Chaque client est différent, et c'est parce qu'il est différent qu'il faut d'abord le comprendre pour pouvoir adapter sa vente et les offres qui vont lui être présentées.

Le but

→ Comprendre la **différence** entre **porter un jugement** ou **avoir une opinion** sur une personne et **observer des comportements factuels** pour appuyer votre négociation.

Savoir **identifier les différents profils de client** permet de mieux les comprendre pour mieux communiquer.

Nous nous baserons sur les travaux du sémanticien C. Osgood pour nous approprier le concept et l'utiliser dans la négociation.

▶ | CE QUI FAIT LA DIFFÉRENCE

Observer un client en considérant que c'est un «gentil» à qui vous pourrez faire avaler n'importe quelle couleuvre facilement, incapable de vous tenir tête ou d'une hypocrisie sans borne participe à porter **des jugements et des opinions totalement dénués d'intérêt** pour comprendre le fonctionnement de ce client et adapter son mode de communication.

A contrario, être capable **de voir et d'entendre** que ce même client est introverti, parle peu et avec une voix douce, préfère dire «on» que «je», pose des questions et en écoute les réponses plutôt que d'être affirmatif en imposant sa vision est le **démarrage à la compréhension de son mode de communication**.

▶ | CONSEIL

Pour repérer plus aisément le mode de communication de votre interlocuteur, posez-vous simplement deux questions:

- Se met-il **en avant** (parle fort, beaucoup, occupe l'espace, affirme les choses, prend facilement la parole ou la coupe, impose ses idées…) ou **en retrait** (parle peu et doucement, est posé et calme, questionne plus qu'affirme, attend qu'on l'interroge…) dans sa communication?
- Est-il plus naturellement **tourné vers les autres** (sourit facilement, est chaleureux, facile d'accès, aime être entouré par des gens, est ouvert à la communication, manifeste ses émotions) ou plus fréquemment **concentré sur des éléments plus factuels** (est plutôt froid, fermé, plus indépendant, recentre facilement la conversation sur du concret, le travail, les tâches…)?

Nous venons de définir les quatre profils majeurs des sociostyles: **promouvant**, **facilitant**, **analysant** et **contrôlant**.

Les best practices

Best practice	AVANTAGES	LES + CONSEILS	INCONVÉNIENTS
Analyse de la typologie PROMOUVANT Exemples de personnalités: Nikos Aliagas, Christophe Dechavane	• Il est charismatique et énergique. • Il communique aisément, sur tous les sujets, et partage facilement l'information. • Il est créatif et très sociable. • Il affirme les choses avec une gestuelle dynamique.	+ Le promouvant apprécie qu'on le reconnaisse dans ses capacités et a besoin de l'entendre. + Il aime travailler avec énergie et combativité, c'est un compétiteur né.	• Il peut partir dans tous les sens et se disperser. Il a du mal à se poser et à s'organiser. • Il peut s'accaparer la parole. • Il gère le temps selon ses critères. • Il peut prendre des décisions émotionnelles.
Analyse de la typologie FACILITANT Exemples de personnalités: Michel Drucker Jean-Pierre Foucault	• Il est sociable et souriant. • Il est posé et calme. • Il s'adapte facilement aux situations diverses. • Il pense groupe et apprécie le travail d'équipe.	+ Le facilitant aime travailler en groupe et partager avec les autres. + Il a du mal à communiquer avec une personne trop directive.	• Il ne prend pas la parole aisément. • Il a besoin d'être entouré. • Il évite le conflit, a du mal à sanctionner. • Il a peur de mal faire ou de s'engager.
Analyse de la typologie ANALYSANT Exemples de personnalités: Bernard Pivot Frédéric Taddeï	• Organisé et structuré, il travaille dans le détail et avec méthode. • Calme et pondéré, il pense et réfléchit. • Il aime comprendre et rechercher l'information. • Il aime les chiffres et les tableaux.	+ L'analysant aime le travail bien fait et dans le détail. + Il est déstabilisé pas un manque de préparation, d'organisation, de repères, de procédures.	• Il peut paraître lent dans son travail. • Il s'isole facilement pour travailler. • Il ne partage que les informations contrôlées plusieurs fois. • Il peut être répétitif dans sa communication.
Analyse de la typologie CONTRÔLANT Exemples de personnalités: Marc-Olivier Fogiel Thierry Ardisson	• Rapide et efficace, il agit vite et prend des décisions rationnelles. • Il sait travailler seul. • Il comprend et sait utiliser les chiffres. • Il sait appliquer le cadre, contrôler et sanctionner.	+ Le contrôlant a besoin d'une communication directe et synthétique. + Il recherche un accomplissement personnel.	• Très exigeant, il peut être perçu comme trop directif, trop dur. • Il travaille peu le relationnel. • Il revient souvent sur les résultats et les objectifs, donne la sensation de ne pas s'intéresser aux gens.

Les ressources, en interne ou en externe

EN INTERNE

Très peu d'entreprises possèdent des outils ou des matrices permettant de **travailler la communication interindividuelle**. Vous pouvez utiliser la matrice présentée dans les outils pour vous aider lors de la préparation de votre entretien de vente.

Si vous rencontrez votre client pour la première fois, essayez d'obtenir des informations par vos collègues en creusant de façon factuelle leurs réponses.

EN EXTERNE

Le concept que nous évoquons sur les styles sociaux et les typologies de personnalité est la propriété intellectuelle de «Persona Global». Vous pouvez être **formé aux styles sociaux** pour développer et apprendre à maîtriser le concept. La société Open'Act (**www.openact.com**), détentrice du concept Persona en France, ainsi que ses distributeurs peuvent vous permettre d'approfondir et d'acquérir la faculté d'utiliser les sociostyles dans votre quotidien de la vente.

Les outils

Les principales caractéristiques de chaque typologie sociale

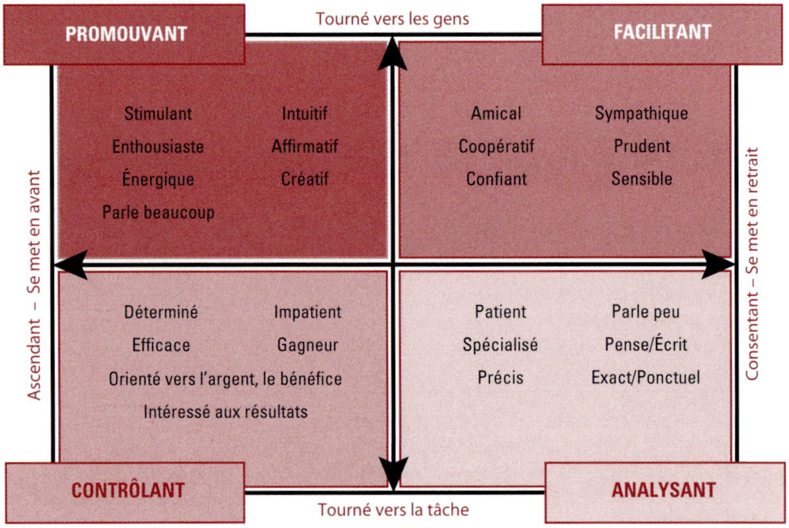

Le budget

Le coût d'une **formation aux styles sociaux** dépendra de votre niveau : un séminaire de deux journées vous permettra de mieux appréhender le concept.

Il existe différentes **formations liées à la vente et à la négociation** intégrant le concept des « styles sociaux » et distribuées par Open'Act et ses partenaires. Vous trouverez également un large éventail d'approches identiques auprès d'autres leaders du secteur de la formation.

Les limites

Elles résident dans la capacité de l'utilisateur à **ne pas faire rentrer un individu dans une « case »**, mais à se servir de ces connaissances comme des indicateurs de comportements permettant de mieux communiquer en déterminant un mode de fonctionnement dominant. Vos capacités d'écoute et d'observation sans porter de jugement seront vos alliés les plus importants : centrez-vous sur des faits, et évitez les jugements hâtifs !

▶ | CRITÈRES DE MESURE DE LA RÉUSSITE

L'appropriation du concept se fait par **des exercices réguliers**, au travail bien entendu, mais également dans la vie de tous les jours, au restaurant, à la maison… **En observant les comportements des autres** :

- Vous avez appris à analyser et, avec le temps, à confirmer vos hypothèses de styles sociaux.
- Vous écoutez et enregistrez les mots, les phases, les intonations et visualisez les comportements les plus caricaturaux.
- Vous repensez aux caricatures de styles et les incarnez, en utilisant leurs mots, leurs phrases sans, bien entendu, tomber vous-même dans l'excès.

LE PLANNING

EN AMONT

J–15 **● REPÉRAGE**

- Apprenez les comportements de chaque style social par cœur et étoffez votre vision en trouvant d'autres types de comportements ressemblant à chaque style.

J–13 **● OBSERVATION**

- Observez les comportements des personnes qui vous entourent et apprenez à les faire correspondre aux 4 styles sociaux. Confirmez votre évaluation à l'aide de la matrice d'hypothèse de style (cf. plan d'action 25).

J–10 **● RECONNAISSANCE**

- Sachez reconnaître un comportement «naturel», c'est-à-dire fréquent et courant, d'un comportement «émotionnel», c'est-à-dire énervé, en colère, amoureux..., car ces derniers ne sont pas le reflet habituel d'un style social, mais relèvent d'une réalité ponctuelle.

J–8 **● APPROPRIATION**

- Lorsque votre capacité à définir chaque profil s'est aiguisée, écoutez vos interlocuteurs, repérez les mots et les phrases de chacun et apprenez à les utiliser.

LE JOUR J

● ENTRAÎNEMENT

- Face à votre client, identifiez son profil et utilisez tous les outils vus précédemment pour confirmer votre hypothèse.
- Adaptez aussi rapidement que possible votre communication au style de la personne pendant 5 à 10 minutes.
- Reprenez votre mode de communication «naturel» et utilisez la communication de votre client lorsque vous souhaitez donner plus d'impact à votre message.

EN AVAL

J+1 à J+... **● CORRECTION**

- Repensez à votre dernière communication et définissez les mots, phrases, situations qui vous ont permis ou empêché d'avoir une communication efficace.
- Créez votre «petit lexique» des termes et des comportements qui fonctionnent le mieux avec les 4 profils.
- Repérez, dans la vie de tous les jours, les profils de certaines personnalités (politiciens, acteurs...) et inspirez-vous en.

PLAN D'ACTION 25

Comprendre et situer son mode de vente

Mieux se connaître permet de définir concrètement ses axes d'amélioration, mais aussi de savoir comment ses clients perçoivent sa façon de vendre.

Le but

→ Être capable de **définir son mode de vente préférentiel**.

Les impacts commerciaux sont différents selon chaque style de communication. Il est donc essentiel d'apprendre à **utiliser les différents arguments commerciaux pour les adapter aux profils de vos clients**.

▶ | CE QUI FAIT LA DIFFÉRENCE

Rester sur votre mode comportemental de vente ne correspond pas forcément au mode de compréhension de votre client. **Adapter certains de vos messages permet de gagner en efficacité et en rapidité.**

Vous économiserez du temps et, surtout, éviterez les situations d'incompréhension ou d'interprétation avec vos clients.

Vous trouverez dans le tableau des best practices les caractéristiques de chaque style de vendeur.

▶ | CONSEIL

- Chaque mot, chaque phrase a une incidence différente pour les différents profils de communication. **Adaptez votre mode de vente** pour être plus efficace lors de vos entretiens commerciaux, comprendre les besoins, présenter les arguments qui «résonnent» chez votre client, afficher un prix, entretenir un climat de confiance, fidéliser…
- **Créez une fiche pour chacun de vos clients**, dans laquelle vous indiquerez son profil de communication et les actions les plus pertinentes pour mieux vendre et mieux le suivre au quotidien.
- Identifiez, parmi vos clients, **ceux avec lesquels vous estimez avoir un très bon climat relationnel**. Analysez les raisons et les comportements qui ont favorisé des négociations positives autour d'échanges constructifs.

Les best practices

Best practice	AVANTAGES	LES + CONSEILS	INCONVÉNIENTS
Un vendeur promouvant	• Est charismatique. • Donne envie d'être écouté. • Fait passer de la conviction dans ses ventes.	+ Le vendeur promouvant doit s'imposer une structure et une organisation qui permettront de rassurer son client. + Il doit également apprendre à formaliser.	• Les clients peuvent sentir un manque de structure, d'organisation et de formalisme. • Il peut se perdre ou perdre son interlocuteur.
Un vendeur facilitant	• Est un vendeur dans l'échange. • Sait écouter, prendre en compte les attentes de ses clients et les connaît bien. • Sa convivialité est souvent appréciée par ses clients.	+ Le vendeur facilitant doit apprendre à garder le contrôle de l'entretien. + Il doit apprendre à ne pas tout accepter.	• Il peut rencontrer des difficultés pour dire non. • Il laisse souvent le client diriger l'entretien. • Les clients peuvent ressentir des doutes et un manque de certitudes.
Un vendeur analysant	• Est un vendeur expert. • Maîtrise son sujet et connaît parfaitement ce qu'il vend. • Il formalise et structure parfaitement son entretien et ses propositions.	+ Le vendeur analysant doit apprendre à être plus ouvert, plus chaleureux. + Il doit savoir se détacher parfois des éléments trop formels, trop techniques.	• Les clients peuvent se lasser d'un entretien trop précis, trop détaillé. • Un manque de dynamisme et d'énergie peut se faire sentir.
Un vendeur contrôlant	• Est un vendeur directif. • Est concret et exigeant dans ses ventes. • Va à l'essentiel.	+ Le vendeur contrôlant doit apprendre à être plus proche de ses clients et travailler son relationnel. + Il doit veiller à assouplir son mode de communication et travailler sa «proximité» client.	• Les clients peuvent ressentir un entretien dénué de relationnel. • Un manque de relation humaine est possible.

Les ressources, en interne ou en externe

EN INTERNE

Votre fiche client est un plus incontestable pour noter ses préférences et son mode de communication. Elle vous permettra d'agir efficacement lors de vos futurs entretiens.

EN EXTERNE

De nombreux **organismes de formation** proposent des utilitaires «en ligne» vous permettant de déterminer votre profil de vendeur. Le coût d'un «scoring» et d'environ 250 € par personne. Néanmoins, si vous avez suivi une formation complète sur les styles de communication, vous réaliserez vous-même, avec un peu d'entraînement, des hypothèses souvent pertinentes.

Les outils

Cette matrice sert à réaliser des **«hypothèses de style social»** pour soi-même et pour chaque client. Cochez dans chaque cadre soit la colonne de droite, soit la colonne de gauche. Additionnez le nombre de croix dans la colonne située au-dessus du carré noir. Placez vos deux repères sur la matrice, puis rejoignez-les.

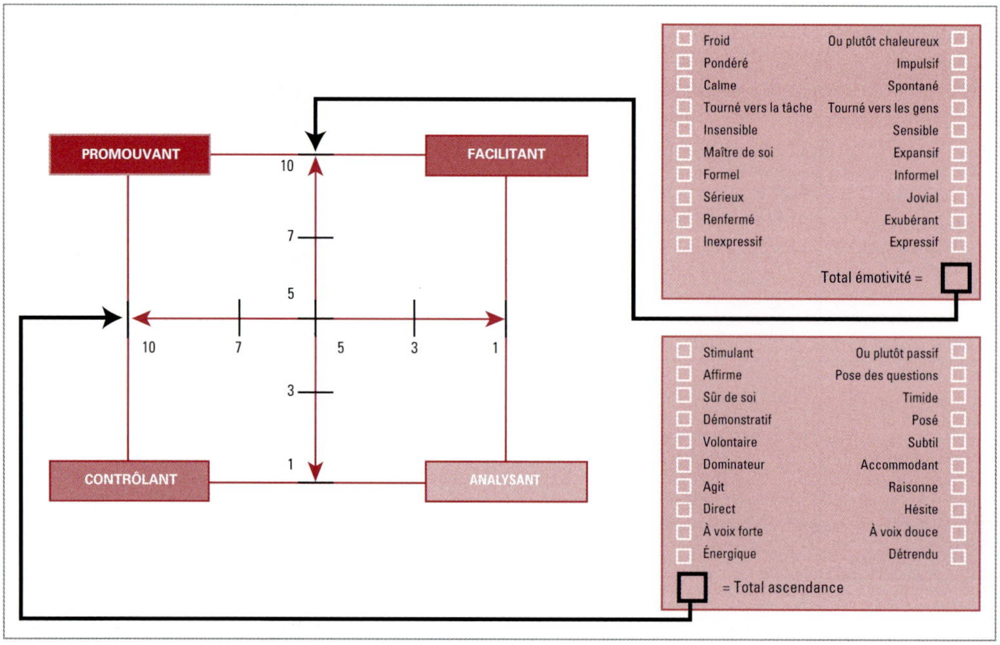

Le budget

Suivre **une formation de base sur les sociostyles** liés à la vente suffit si vous souhaitez par la suite l'utiliser au quotidien. **Écouter ses propres comportements et observer de ceux des autres** ne coûte rien!

Les limites

L'utilisation de ces concepts doit vous servir à **développer vos capacités et vos compétences**, mais ne représente pas une vérité au sens strict.

CRITÈRES DE MESURE DE LA RÉUSSITE

- Vous avez réussi à canaliser votre énergie en tant que «promouvant». Vous êtes plus formel et plus organisé.
- Vous avez su dire non à votre client lorsque c'était nécessaire en tant que «facilitant». Vous gardez le contrôle de l'entretien.
- Vous êtes plus ouvert en tant qu'«analysant». Vous n'êtes pas trop technique, ni trop précis.
- Vous êtes plus relationnel, plus chaleureux en tant que contrôlant. Vous savez aborder des sujets plus personnels. Vous accordez le temps nécessaire à votre entretien.

LE PLANNING

EN AMONT

J–30 ● **IDENTIFICATION**

- Définissez, selon votre style de vente, vos zones de confort et vos zones d'effort. Appuyez-vous sur vos forces et notez vos axes de progression.

J–21 ● **PROXIMITÉ**

- Sélectionnez un à deux axes de progrès sur les styles de comportement des clients les plus proches du vôtre et obligez-vous à les appliquer pendant sept jours. Répétez cette opération autant que nécessaire.

J–15 ● **OPPOSITION**

- Sélectionnez un axe de progrès sur le style de comportement opposé au vôtre et obligez-vous à l'appliquer pendant quinze jours. Répétez cette opération autant que nécessaire.

LE JOUR J

● **OBSERVATION**

- Utilisez vos axes de progrès et observez les changements de comportement sur vos clients ayant une communication proche de la vôtre.
- Ajustez et corrigez, si nécessaire, votre style de vente selon vos réussites ou vos échecs.

EN AVAL

J+1 à J+30 ● **CHANGEMENT**

- Continuez à vous fixer des objectifs de progression personnelle en changeant de style de comportement.

● **AXES DE PROGRÈS**

- Travaillez vos faiblesses (zones d'effort). Par exemple, soyez plus synthétique si vous passez beaucoup de temps à donner des détails, apprenez à faire preuve d'un peu plus de directivité si vous êtes trop consensuel…

● **ÉVALUATION DE PROGRESSION**

- Observez et évaluez l'impact de vos actions de communication sur votre entourage et remettez-vous en question chaque fois que cela sera nécessaire !

PLAN D'ACTION 26

Intégrer les comportements clients

Différentes actions permettent de déceler et de comprendre les comportements des clients lors de l'entretien de vente.

Le but

→ **Reconnaître** les différentes typologies de clients.

Il vous faudra comprendre, apprendre et créer **les phrases et les mots qui «parlent» à tous les styles sociaux** lors d'un entretien de vente.

Vous devrez au préalable savoir comment chaque style de clients prend une décision et ce qui les motive à acheter.

▶ | CE QUI FAIT LA DIFFÉRENCE

Les phrases, les mots, l'intonation de la voix et les attitudes sont tous autant de critères qu'un individu juge lors d'un entretien. Il est important de savoir placer, au cours de la vente, les éléments forts qui vous permettront de conserver son attention, mais aussi de cibler les points qui attiseront sa curiosité et son envie.

Le promouvant aime que l'on remarque ce qu'il fait, le facilitant que l'on se préoccupe de son bien-être, l'analysant qu'on le sécurise et le contrôlant que l'on soit direct et franc.

Vous trouverez dans le tableau des best practices des exemples qui vous permettront d'**adapter au mieux votre discours à votre client**.

▶ | CONSEIL

- Utilisez le mode de communication de votre interlocuteur seulement de temps en temps au cours de l'entretien de vente et sur des **sujets d'importance**. Ne cherchez pas à conserver le style social de votre client du début à la fin. Non seulement cela vous épuiserait, mais vous risqueriez de déraper vers une caricature de celui-ci. Ce qui serait très rapidement identifié et très mal perçu.
- Chaque style social ayant un **mode de prise de décision différent**, apprenez également à adapter votre conclusion.

Les best practices

Best practice	AVANTAGES	LES + CONSEILS	INCONVÉNIENTS
Un client promouvant	• Aime les mots chocs, les superlatifs, apprécie que vous parliez d'actualité… • Apprécie que l'on remarque ce qu'il fait, ce qu'il porte, ces idées…	+ Utilisez des termes comme: «c'est exceptionnel, une avant-première, une exclusivité, une nouveauté…». + Donnez-lui la possibilité de prendre les décisions.	• Il est difficile de faire formaliser un promouvant. • Il se lasse vite et remet facilement en question l'existant. • Il peut affirmer une décision non vérifiée ou non validée.
Un client facilitant	• Aime un entretien sans conflit, sans rapport de force. • Apprécie une négociation en souplesse.	+ Portez de l'intérêt à tout son environnement. La relation humaine est souvent plus importante que le prix pour un facilitant. + Utilisez des mots ou des phrases à connotation sympathique, agréable, de bien-être. + Pensez à faire le tour du circuit de décision; un facilitant décide rarement seul.	• Il peut acquiescer tout au long de l'entretien, sans pour autant être convaincu. • Il repousse les échéances ou les prises de décision.
Un client analysant	• Est très rationnel et éprouve un fort besoin de sécurité. • Apprécie une présentation posée, appuyée sur des éléments factuels et précis.	+ Menez votre négociation avec des termes qui le sécurisent (preuves, faits, formalisme, respect des délais, procédures…). + Ne le bousculez pas, soyez patient; l'analysant a besoin de réfléchir avant de prendre une décision.	• L'entretien de vente peut être long. • L'analysant pose beaucoup de questions et peut aborder plusieurs fois un même sujet de différentes façons.
Un client contrôlant	• Aime les échanges directs, synthétiques et qui vont à l'essentiel. • Apprécie les chiffres s'ils sont présentés de façon synthétique et efficace.	+ Utilisez des mots comme «résultats, gains, intérêt…». + Allez à l'essentiel lors de votre entretien. + Faites en sorte qu'il prenne la décision finale.	• Il laisse peu de temps à l'argumentation et pose des questions très ciblées rentabilité. • Il est difficile à emmener sur le terrain émotionnel et relationnel.

Les ressources, en interne ou en externe

EN INTERNE

Entraînez-vous en interne avec **vos collègues** pour vous habituez à utiliser un langage et des mots qui ne sont pas dans vos habitudes.

Utilisez **un carnet**, qui vous servira pour chacun des quatre styles sociaux, que vous pourrez relire avant de réaliser vos entretiens de vente. Continuez à l'alimenter: avec le temps, il deviendra une excellente base de révision pour l'avenir et de préparation pour vos négociations.

EN EXTERNE

Pour vous aider à mieux adapter votre communication et vos comportements à vos interlocuteurs, observez et écoutez **les clients** que vous êtes amené à rencontrer. À chaque fois que l'occasion se présente, ne vous cantonnez pas à déterminer le style social de votre interlocuteur, mais notez **des mots, des phrases et des comportements qui vous ont marqués** et incluez-les dans une des quatre catégories de style social.

Les outils

Voici une synthèse non exhaustive **de mots et de phrases correspondant à chaque style social**. Imprégnez-vous en et enrichissez-la avec le temps.

Promouvant	Facilitant
Exclusivité, primeur, relation publique, reconnu aux yeux de tous, originalité, créativité, jeux, challenge, défis, risque, image, échange, énergie, vision, futur, valorisation	Aimer, apprécier, fidélité, familial, groupe, partenariat, engagement commun, bien-être, ensemble, relation humaine, confiance, coopération, service client
Contrôlant	**Analysant**
Gains, résultats, synthétique, rapidité, efficacité, rentabilité, respect des engagements, contrôle, exigence, authenticité, autonomie, présent, concis, détermination, engagement	Sécurité, analyse, détail, calcul, tableau, formel, factuel, écrit, preuve, historique, arguments techniques, précis, démonstration, organisé, respect des délais, ponctualité, logique, garantie

Le budget

Aucun budget n'est à prévoir en ce qui concerne ce plan d'action. Cela reste un investissement personnel.

Les limites

Prenez le temps d'entendre et d'observer vos clients, **n'essayez pas de les mimer ou de reproduire textuellement leurs phrases**. Le temps nécessaire à l'apprentissage des styles sociaux dans la vente est la limite principale de ce plan d'action. Le risque est de se perdre à vouloir endosser un rôle qui n'est pas le sien trop vite.

Un acteur au théâtre révise ses textes et adopte l'attitude de son personnage très longtemps avant de monter sur les planches, et c'est seulement une fois qu'il se sera approprié le rôle qu'il pourra lâcher ses émotions sans avoir à réfléchir aux textes.

CRITÈRES DE MESURE DE LA RÉUSSITE

Mesurez vos réussites en observant **la réaction de votre client aux mots et aux phrases que vous aurez utilisés volontairement dans son mode de communication**. Repérez ceux qui fonctionnent le mieux et renouvelez l'expérience.

La prise de commande sera votre meilleure évaluation, mais quel élément a déclenché celle-ci ? Votre prix ? La qualité de vos produits ? Vous ?

Au-delà des critères factuels et rationnels, c'est le vendeur qui doit faire la différence, et la réaction de votre client vous donnera les indicateurs de votre réussite :

- Le promouvant souhaite aller plus loin dans votre collaboration car il a trouvé en vous un vendeur exceptionnel, original, dynamique…
- Le facilitant apprécie votre présence et vos conseils, il remarque qu'il n'y a pas que l'argent et les affaires qui vous intéressent…
- L'analysant fait appel à vous pour votre sérieux, le respect de vos engagements, le suivi rigoureux…
- Le contrôlant trouve un adversaire à sa taille qu'il peut transformer en un business efficace comme il l'aurait fait lui-même…

LE PLANNING

EN AMONT

J–30

● FORMALISATION

- Répertoriez les mots, les phrases et les comportements relatifs aux différents styles sociaux dans un carnet.

J–20 à J–15

● ENTRAÎNEMENT

- Apprenez, par cœur si nécessaire, ce qui impacte chaque style social.
- Travaillez également votre intonation de voix et le débit de vos paroles.

● FEED-BACK

- Entraînez-vous avec un membre de votre entourage professionnel ou personnel et analysez ensemble sa perception de l'entretien. Un feed-back externe est souvent instructif.

J–14

● CORRECTIF

- Corrigez, si nécessaire, votre adaptation aux mots, à l'intonation et aux comportements de chaque style social.

LE JOUR J

● MISE EN SITUATION

- Utilisez votre entraînement face à un client et notez ses réactions. Dans un premier temps, faites-en une utilisation partielle, vous l'étofferez par la suite en développant votre assurance à l'aide des éléments «qui marchent».

EN AVAL

J+1

● FORMALISATION

- Notez ce que vous avez appris au cours de votre entretien de vente sur les réactions de votre client.
- Utilisez un système de notation basique pour suivre les éléments qui fonctionnent le mieux (une étoile en face d'un mot qui a suscité de l'intérêt, puis deux, puis trois…).

J+2

● RETOUR ENTRAÎNEMENT

- Recommencez le processus d'apprentissage à partir de la phase J–20 de ce planning.

PLAN D'ACTION 27

Ajuster sa communication de vente

En plus d'adapter son offre à chaque situation, il s'agit surtout d'ajuster l'acte de communication interpersonnelle à chaque client. La forme est aussi importante que le fond!

Le but

→ Adapter votre communication de vente pour **gagner en efficacité et en rapidité**.

Pour agir sur votre communication interpersonnelle, vous devez apprendre à **définir et utiliser le mode communication des autres sociostyles**.

Vous allez devoir vous approprier les terminologies de communication utilisées par chaque style social pour définir des objectifs, des besoins….

▶ | CE QUI FAIT LA DIFFÉRENCE

L'utilisation des mots et comportements en rapport avec son propre mode de fonctionnement est vécue et vue différemment en fonction de chaque style de comportement.

On ne parle plus ici d'aller plus vite ou plus doucement, d'être meilleur, d'être capable ou incapable… mais de **la faculté du vendeur à utiliser les actions en relation avec le profil de son interlocuteur**.

▶ | CONSEIL

- Lorsque vous êtes amené à rencontrer plusieurs clients avec différents sociostyles en même temps, conservez votre mode de vente «naturel» et **adaptez-vous seulement en individuel**.
- Définissez au mieux les objectifs quantitatifs et qualitatifs à atteindre lors de vos entretiens: ils seront capitaux pour obtenir **un fort niveau de compétences dans le décodage des sociostyles** et déboucher rapidement sur des résultats.
- Capitalisez sur **les forces de vos clients**. Peut-être que celui qui est le plus «lent» est également le plus organisé, celui qui agit en premier pour lui-même est le plus rapide à prendre une décision…

Les best practices

Best practice	AVANTAGES	LES + CONSEILS	INCONVÉNIENTS
Votre client est promouvant	• Il agit et réagit rapidement. • Il est motivé par le feu des projecteurs et une forte reconnaissance. • Il aime la compétition, se mesurer aux autres et surtout les vaincre.	+ Adoptez un comportement dynamique et stimulant. + Prenez des notes pour éviter de vous laisser disperser. + Faites preuve de créativité. + Mettez-le en avant pour générer de la motivation.	• Il gère plusieurs actions en même temps, se lasse vite. • Il risque une forte réaction émotionnelle s'il est attaqué en public. • Il a toujours de nouveaux projets «sous le coude».
Votre client est facilitant	• Il prend le temps de travailler sur son projet. • Il est motivé par l'aide ou le soutien qu'il peut fournir aux autres. • Il prend des décisions en équipe et apprécie les réussites collectives.	+ Portez plus d'intérêt à votre client qu'aux produits. + Associez-le à votre réflexion. + Reformulez régulièrement pour verrouiller deux fois, car il ne sait pas dire non. + Valorisez-le au sein de son entreprise comme un maillon important.	• Il remet souvent au lendemain. • S'il est isolé, ignoré, il se démotive et déprime très vite. • Il ne formalise pas forcément les difficultés qu'il rencontre pour atteindre ses objectifs.
Votre client est analysant	• Il travaille consciencieusement et dans le détail. • Il est motivé par une bonne préparation et une bonne connaissance du sujet. • Il se fixe des objectifs réalistes et réalisables.	+ Laissez-lui le temps de réfléchir et d'anticiper votre offre. + Préparez un timing de rendez-vous précis. + Prenez le temps d'expliquer votre offre. + Apportez-lui de nouvelles connaissances. + Respectez les process. + Fixez des objectifs clairs et chiffrés.	• Il s'attache à des détails qui lui font perdre beaucoup de temps. • Il ne supporte pas l'improvisation ou la mise en avant. • Il ne cherche pas forcément à aller au-delà de l'objectif visé.
Votre client est contrôlant	• Il travaille vite et efficacement. • Il est motivé par l'atteinte des résultats. • Il cherche à améliorer la performance pour atteindre les objectifs.	+ Parlez-lui franchement et allez à l'essentiel. + Donnez-lui l'opportunité de prendre la décision. + Travaillez avec des indicateurs de performance.	• Il n'attend pas le reste de l'équipe. • Il se démotive s'il se sent freiné ou enchaîné. • Il ne possède pas forcément de limites à sa fixation d'objectifs.

Les ressources, en interne ou en externe

● EN INTERNE

Chaque «dossier» de suivi de vos différents clients devra mettre en évidence les points symptomatiques de leur mode de fonctionnement, leurs forces et leurs préférences. Par exemple, pour le promouvant, soyez attentif à l'aspect valorisation, nouveauté; pour le facilitant, gardez en mémoire les aspects relationnels de votre rencontre, les souvenirs de bons moments; pour l'analysant, gardez l'«historique» de vos rencontres, de ses commandes; pour le contrôlant, conservez ce qui concerne ses résultats, ses indicateurs de performance.

● EN EXTERNE

De nombreux **modules de formation** existent, adaptés à chaque thématique: mieux communiquer pour mieux vendre, psychologie de la vente, communication persuasive…

Les outils

Adaptez votre communication selon les besoins de chaque typologie comportementale.

Les besoins de chaque typologie

Promouvant • Besoin de projets et de produits nouveaux (faire rêver) • Besoin d'être le seul à posséder et d'avoir les choses en premier (exclusivité)	**Facilitant** • Besoin de proximité, de relationnel • Besoin d'une communication souple et non directive
Contrôlant • Besoin d'une communication rapide, direct et sans artifice • Besoin de résultats, de preuves de gain (indicateurs, chiffres…)	**Analysant** • Besoin d'une communication détaillée, précise, basée sur un historique • Besoin de preuves et d'éléments formels et factuels (documents, produits…)

Le budget

Il n'y a pas de budget particulier à prévoir, si ce n'est **le temps d'adaptation** à chaque style.

Les limites

Lorsque vous utilisez les sociostyles pour vendre, n'oubliez pas que ceux-ci ne sont pas la copie conforme d'un style ou d'un autre. Une personnalité reste **une entité complexe et chaque individu est différent**!

Un promouvant est capable de s'organiser, un facilitant de prendre des décisions, un analysant de parler en public ou un contrôlant d'être sympathique… C'est la **répétition des comportements** qui vous permettra de mieux cerner le profil de votre interlocuteur.

Appuyez-vous sur ce que vous constatez le plus souvent, sur ce qui se renouvelle régulièrement, pour adapter votre langage à votre client.

▶ | CRITÈRES DE MESURE DE LA RÉUSSITE

- Votre client promouvant a remarqué votre **dynamisme**. Votre présentation l'a séduit.
- Vous avez pris le temps de créer un **climat chaleureux** avec votre client facilitant. Vous connaissez les personnes de son entreprise, de sa famille.
- Vous avez été **précis** avec votre client analysant. Vous aviez préparé des documents, des preuves, des faits avant de le rencontrer.
- Vous avez fixé des objectifs avec votre client contrôlant. Vous avez calculé le **gain** que vous lui apporterez.

LE PLANNING

EN AMONT

J–7 ● **GESTION DU TEMPS**

- Définissez, pour chacun de vos clients, son rapport à la gestion du temps et faites en sorte de vous l'imposer lors du rendez-vous.

J–6 ● **REPÈRES COMPORTEMENTAUX**

- Préparez-vous à repérer ses motivations principales, ses envies, ses répétitions comportementales.

J–2 ● **OBJECTIFS**

- Fixez-vous des objectifs de mots, de phrases à utiliser selon son profil et préparez l'adaptation de votre discours à votre client.

LE JOUR J

● **QUELQUES TESTS EN ENTRETIEN DE VENTE**

- Testez votre capacité de dynamisme avec le promouvant.
- Testez un vrai rapport humain avec le facilitant.
- Testez un entretien préparé et structuré avec l'analysant.
- Testez une communication directive dénuée d'émotions avec le contrôlant.

EN AVAL

J+1 ● **DÉBRIEFING**

- Faites le point sur vos différents tests, corrigez-vous.

J+... ● **AUTRES TESTS**

- Définissez d'autres éléments que vous souhaitez travailler en rapport avec les différentes étapes de l'acte de vente, comme l'argumentation ou les réponses aux objections, et testez-vous.

PLAN D'ACTION 28

Les curseurs de communication : empathie et flexibilité

La capacité d'un vendeur à communiquer différemment repose sur deux curseurs fondamentaux et sur sa capacité à les utiliser : l'empathie et la flexibilité.

Le but

→ Savoir utiliser chacun des curseurs pour **adapter sa vision du moment et l'ajuster au contexte de la situation**.

Savoir agir sur chaque curseur permet d'améliorer ses capacités à chaque étape de la vente.

CE QUI FAIT LA DIFFÉRENCE

L'empathie, dans le sens que nous voulons lui donner, repose sur votre capacité à **comprendre la vision de votre client** comme étant aussi importante que la vôtre.

Écouter, comprendre, poser des questions, reformuler, rester attentif à l'autre constituent tous les éléments qui vous permettent de montrer votre empathie.

La flexibilité est votre capacité à accepter de changer ponctuellement votre mode de communication et à **vous adapter au langage de votre interlocuteur**.

En d'autres termes, elle vous permet d'adopter des comportements qui ne sont généralement pas les vôtres pour satisfaire les besoins de l'autre.

CONSEIL

Faites preuve d'empathie. Vous créerez ainsi un « airbag de communication », pour laisser moins d'emprise à vos réactions émotionnelles. L'empathie ne coûte rien car il s'agit seulement de comprendre le point de vue de l'autre sans forcément l'accepter.

Soyez flexible. Vous pourrez ainsi accepter et surtout adapter un mode de communication différent du vôtre, mais aussi faire face aux situations de changement plus facilement.

Les best practices

Best practice	AVANTAGES	LES + CONSEILS	INCONVÉNIENTS
Faire preuve d'empathie	• Reflète votre niveau de compréhension des autres styles de communication. • Montre votre intérêt pour les autres et votre capacité à le faire savoir.	+ Ne confondez pas «empathie» et «sympathie»; faire preuve de sympathie, c'est laisser ses émotions prendre le dessus. + L'empathie peut être assimilée à la compréhension d'un langage qui n'est pas la vôtre.	• Une faible projection de votre empathie envers les autres démontre fréquemment un désintéressement et une incompréhension du «monde» de l'autre. • Peu d'empathie équivaut à ne voir le monde qu'à travers ses propres filtres.
Faire preuve de flexibilité	• Vous permet de satisfaire les besoins des autres autant que les vôtres. • Vous permet de vous faire comprendre par vos interlocuteurs possédant un style social différent.	+ Votre niveau de flexibilité change naturellement selon vos interlocuteurs. Faites un effort particulier avec les clients qui se situent à l'opposé de votre style social. + La flexibilité peut être assimilée à la capacité à parler une langue qui n'est pas la vôtre.	• Une faible flexibilité vous enferme dans un «carcan» de communication où tous vos interlocuteurs vont vous cataloguer. • Peu de flexibilité équivaut à toujours agir de la même façon, quel que soit son interlocuteur ou la situation.

Les ressources, en interne ou en externe

EN INTERNE

Notez de 1 à 4 votre empathie sur chacune de **vos fiches client**. En effet, certains interlocuteurs que vous jugez «agaçants» auront tendance à faire baisser votre niveau naturel d'empathie. *A contrario*, vous serez toujours plus empathique avec les gens que vous aimez bien ! Faites de même pour la flexibilité.

Les exemples donnés dans les outils page suivante vous aideront à vous situer.

EN EXTERNE

De nombreux **organismes de formation** proposent des programmes pouvant vous permettre d'améliorer votre empathie. C'est une notion courante très souvent abordée dans les cursus de formation à la relation client ou au management. Consultez leurs catalogues pour trouver un programme adapté à vos attentes.

Des **tests en ligne** permettant de mesurer votre niveau d'empathie et de flexibilité sont disponibles chez Open'act (**www.openact.com**).

Les outils

Auto-évaluez vos curseurs de commnication!

Pour l'empathie:

1 est une empathie très limitée (vous ne comprenez pas un grand nombre de modes de communication, souvent ceux des trois styles différents du vôtre).

2 est une empathie moyennement faible (au moins deux styles différents du vôtre).

3 est une empathie moyennement élevée (vous avez du mal à communiquer avec un style différent du vôtre).

4 est une empathie élevée (vous avez peu de problèmes avec les différents styles de communication et vous savez le montrer).

Pour la flexibilité:

1 est une flexibilité faible (vous vivez mal les changements et vous avez du mal à adapter votre langage aux autres; vous savez satisfaire vos besoins sans prendre en compte ceux des autres).

2 est une flexibilité moyenne (votre adaptabilité est difficile, mais vous acceptez au moins un mode de communication en plus du vôtre, souvent celui du style le plus proche de vous).

3 est une flexibilité modérée (vous acceptez plus facilement les changements avec un temps d'adaptation plus ou moins long et vous savez «parler» à deux autres modes de communication en plus du vôtre).

4 est une flexibilité élevée (vous vous adaptez rapidement aux changements et aux autres modes de communication. Vous savez communiquer avec tous les styles de communication).

Le budget

Il n'existe pas, à proprement parler, de «budget» pour comprendre et s'adapter aux autres, si ce n'est **un budget temps** et **un investissement personnel**...

Les limites

Ce sont celles de votre cadre de référence qui vous ont fait percevoir depuis des années un ou deux modes de comportements qui vous rassurent et vous satisfont. Les limites existent seulement parce que comprendre et s'adapter nécessitent de **travailler sur soi** et de **remettre en question sa vision du monde**.

▶ | CRITÈRES DE MESURE DE LA RÉUSSITE

Les plans d'actions 24 à 28 maintenant maîtrisés, vous savez évaluer vos critères de réussite et situer votre empathie et votre flexibilité:

- En cas d'**empathie faible**: vous saisissez mieux pourquoi vous avez du mal à vendre à certains de vos clients.
- En cas d'**empathie forte**: vos clients se sentent compris, peuvent s'exprimer sans crainte à vos côtés.
- En cas de **flexibilité faible**: vous saisissez mieux pourquoi certains de vos clients n'intègrent pas vos arguments.
- En cas de **flexibilité forte**: vous donnez à chacun ce dont il a besoin pour agir, vos clients vous comprennent aisément.

LE PLANNING

EN AMONT

J–15 à J–7

- **ÉVALUATION DE L'EMPATHIE ET DE LA FLEXIBILITÉ**
  - Évaluez votre niveau d'empathie et de flexibilité avec chacun de vos clients.
  - Définissez les points d'incompréhension et les difficultés de communication que vous avez avec chacun d'eux.
  - Servez-vous des exercices des plans d'action 24 à 28 pour évaluer votre niveau d'empathie et de flexibilité avec chacun.
- **CHANGEMENT**
  - Définissez les éléments qui vous freinent dans le changement.
- **FLEXIBILITÉ**
  - Identifiez les comportements que vous devez mettre en œuvre pour faire preuve de plus de flexibilité.
  - Apprenez, par cœur si nécessaire, les mots et les phrases qui s'adaptent à vos différents clients.

LE JOUR J

- **QUELQUES TESTS**
  - Testez la mise en œuvre auprès de vos différents clients pour améliorer votre niveau d'empathie et de flexibilité.
  - Observez leurs réactions et interprétez-les.

EN AVAL

J+1

- **ANALYSE**
  - Analysez et comparez vos réussites et vos échecs.
  - Faites le bilan des améliorations perçues.

J+2 à J+…

- **AXES DE PROGRESSION**
  - Modifiez la perception que vous avez de chacun de vos interlocuteurs et adaptez un nouveau mode de communication, si nécessaire.
  - Réévaluez votre niveau d'empathie et de flexibilité.

→ OBJECTIF 07

Développer ses compétences commerciales

Le métier de commercial impose très souvent de travailler seul et un grand nombre de commerciaux sont formés sur le terrain. Pour **continuer à progresser dans son métier**, apprendre à se remettre en question sur les sujets pertinents et développer ses compétences commerciales, il est nécessaire de mettre en place régulièrement **ses propres plans de formation** si son entreprise ne le réalise pas.

L'idéal est de suivre **un « cursus » classique: phase d'intégration** dans l'entreprise avec les techniques et méthodes de vente à connaître et à adapter, **accompagnement d'autres commerciaux** pour suivre l'aspect pratique, **suivi de son manager** des ventes et **formations dispensées** par son entreprise en interne ou par un cabinet extérieur de formation une à deux fois par an…

La seconde possibilité concerne **la prise en main par le commercial de sa progression en matière de compétences et de comportements**. Pour ce faire, il devra s'appuyer sur les documents de suivi et d'évaluation, s'ils existent, de son entreprise. À défaut, il faudra qu'il réalise lui-même l'outil adéquat.

Cet objectif vous aidera à savoir quelle direction prendre pour vous autoformer et abordera quelques compétences et comportements majeurs dans la réussite de ce métier.

PLAN D'ACTION 29

Progresser et se former

Outre les formations dispensées par son entreprise, le commercial doit apprendre à progresser par lui-même.

Le but

→ Se former, progresser, **se donner les moyens d'atteindre ses objectifs**.

Un commercial doit connaître les critères de compétences et de comportements qui lui sont utiles dans son métier.

Il doit savoir remettre en cause certaines de ses méthodes, entrer dans le détail de sa profession, être patient et apprendre à nouveau si nécessaire.

▶ | CE QUI FAIT LA DIFFÉRENCE

Décomposez vos compétences et vos capacités de commercial en trois éléments distincts:

- **Le savoir**: connaissances théoriques du métier. Il structure et apporte de la méthode.
- **Le savoir-faire**: mise en pratique des connaissances théoriques. Chaque personne adapte à sa façon la théorie et en tire un enseignement opérationnel.
- **Le savoir-être**: comportements observables liés à l'environnement, au métier ou dans un contexte particulier, que vous souhaitez mettre en œuvre (par exemple, des comportements adaptés à la relation client).

Dès lors que vous possédez ses trois éléments, vous êtes dans la **capacité de savoir agir**, c'est-à-dire de faire seul, d'être autonome, de répondre aux exigences de votre métier.

▶ | CONSEIL

- Aidez-vous de votre fiche de poste, du référentiel de compétences, voire de votre contrat de travail pour définir **les compétences et les comportements attendus**. Ensuite, mesurez l'écart entre le nécessaire requis par le poste et votre niveau de compétences.
- Préparez votre autoformation dans **sa globalité**, puis morcelez-la en **plusieurs étapes**.
- Pratiquez votre formation **au quotidien**. Vous devez en percevoir les bénéfices pour continuer à progresser et les mettre en œuvre régulièrement.

Les best practices

Best practice	AVANTAGES	LES + CONSEILS	INCONVÉNIENTS
Vous autoformer	• Permet de prendre du recul pour continuer à progresser. • Est l'occasion de perfectionner les compétences liées au métier de la vente.	+ Maîtrisez parfaitement le savoir avant d'aller vers le savoir-faire. + Soyez patient. Ce qui ne vous dispense pas d'être exigeant avec vous-même. + Assurez-vous de bien connaître vos fondamentaux.	• Manquer de rigueur et ne pas aller jusqu'au bout. • Se disperser et ne pas structurer son auto-apprentissage.
Vous autoévaluer	• Permet de définir vos incompétences et vos axes de progrès. • Permet de suivre votre progression et encourage à la continuer.	+ Appuyez-vous sur vos forces pour travailler vos faiblesses. + Tâchez d'être le plus objectif possible lorsque vous vous évaluez (ni trop dur, ni trop tolérant).	• Penser qu'une évaluation est ponctuelle et ne se renouvelle pas. • Penser que se former une fois permet d'appliquer immédiatement.
Construire votre formation	• Permet de construire une pédagogie adaptée à votre rythme. • Permet de suivre une trame, une logique.	+ Construisez d'abord la formation dans sa globalité, puis morcelez-la en étapes. + Assurez-vous que l'étape précédente est acquise avant de passer à la suivante.	• Vouloir sauter les étapes et aller trop vite. • Changer et modifier trop fréquemment les étapes de son autoformation.

Les ressources, en interne ou en externe

EN INTERNE

Votre service RH dispose certainement de ressources intéressantes pour vous accompagner dans votre démarche (référentiel de compétences, fiches de poste, supports de formation existants)... Récupérez les **classeurs de formation métier** de votre entreprise (s'ils existent...). Si certains sont trop anciens ou obsolètes, n'hésitez pas à leur donner un coup de jeune. Un support de formation est un véritable outil d'aide à la progression.

Construisez une **fiche de suivi des compétences et des comportements** et effectuez votre propre suivi hebdomadaire de progression.

EN EXTERNE

Vous trouverez en librairie des **livres professionnels** en rapport avec votre activité. Vous pouvez également utiliser sur **Internet** les mots clés appropriés à votre métier pour élargir vos recherches.

De nombreux organismes de formation mettent en ligne des plans détaillés de leurs modules de formation qui vous permettront de structurer les vôtres !

Votre service RH dispose d'un budget annuel réservé aux actions de formation et peut vous aider à sélectionner un prestataire externe pour organiser une **action de formation spécifique** que vous ne pouvez développer en interne.

Les outils

Vous devez procéder à une **évaluation la plus précise possible de votre niveau de compétences**. À partir de cette évaluation, vous pourrez mettre en place votre plan de formation «*in situ*», par le service formation de votre entreprise ou par des organismes extérieurs.

Pour chaque formation, définissez précisément les **objectifs à atteindre** (deux à trois maximum), les **compétences attendues** et les **résultats souhaités**.

Le budget

«*In situ*» (sur votre lieu de travail et réalisé par vous ou par une personne de votre équipe), le temps consacré à la formation a un coût (environ deux à trois jours par domaine de compétences, soit en moyenne 1 500 à 2 000 €). Arrangez-vous pour positionner les temps de formation durant les moments de «creux d'activité».

Par votre service de formation interne, le coût est plus faible car une personne est dédiée à votre formation et normalement spécialisée dans votre domaine.

Par un organisme de formation externe, le coût varie de 1 000 à 2 000 € la journée en moyenne. Veillez à ce que la formation, réalisée par des professionnels dans les domaines de compétences recherchées, soit également adaptée à votre secteur d'activité.

Les limites

«*In situ*», le temps est souvent une contrainte pour le commercial et il n'est pas facile de se «poser» et de consacrer le temps nécessaire à sa formation. La sensation de perdre du chiffre d'affaires donne de fausses excuses pour ne pas continuer à se former.

Par le service de formation interne, un manque de créativité et de remise à niveau de la formation peut se ressentir.

Par un organisme extérieur, les limites concernent souvent un manque d'adaptabilité au contexte et au secteur d'activité de l'entreprise.

Une autre limite concerne le commercial lui-même qui n'applique pas immédiatement ce qu'il a appris. **L'implication est nécessaire.**

▶ | CRITÈRES DE MESURE DE LA RÉUSSITE

- Vous êtes capable de **voir l'évolution de vos compétences** et de **les mettre en œuvre**
- Vous appliquez vos nouvelles compétences immédiatement et vous les utilisez **dans votre quotidien**.
- Vos nouvelles compétences vous permettent d'**atteindre plus aisément vos objectifs**. Elles favorisent votre travail au quotidien. Vous ressentez un changement, un progrès, une amélioration.
- Vous vous sentez apte à **les diffuser** à d'autres commerciaux.

LE PLANNING

EN AMONT

J–30 ● **SYNTHÉTISER VOS COMPÉTENCES**

- Rédigez, à partir de votre fiche de poste, une synthèse des compétences nécessaires à votre métier.
- Évaluez, pour chaque compétence, l'écart entre ce que vous souhaitez et la réalité (soyez objectif et basez-vous sur des faits !).
- Définissez, dans cette liste de compétences, celles que vous souhaitez travailler en priorité.

J–15 ● **PLANIFIER VOTRE PROGRESSION**

- Établissez votre plan de formation pour les semaines à venir et vos points de contrôle.
- Préparez vos supports de formation. Indiquez les étapes, les objectifs et le temps nécessaire.

LE JOUR J

● **VOUS FORMER**

- Découpez votre formation en plusieurs étapes sur la semaine, le mois ou l'année.
- Formez-vous en vous imposant les objectifs que vous souhaitez atteindre et les délais pour la mise en œuvre.

EN AVAL

J+1 ● **VOUS ÉVALUER**

- Évaluez votre niveau de progression.
- Apportez des correctifs si nécessaire.
- Formalisez cette évolution sur votre tableau de suivi de compétences personnalisé.

J+7 ● **ENGAGER LES PROCHAINES ÉTAPES**

- Définissez vos prochaines étapes de formation et intégrez-les dans un nouveau planning.
- Contrôlez l'usage et la pratique de vos nouvelles compétences.

PLAN D'ACTION 30

Exemplarité et professionnalisme

Pour développer son image, un commercial se doit d'être exemplaire aux yeux de ses clients et de mettre à leur service ses compétences métier.

Le but

➜ Faire preuve de **cohérence entre son discours et les faits** pour développer sa légitimité.

Les méthodes de vente du commercial sont reconnues si elles apportent de **réelles solutions aux besoins** de ses clients. Il doit être capable de leur proposer une offre **la plus cohérente et la plus représentative** de leurs attentes.

▶ | CE QUI FAIT LA DIFFÉRENCE

Adaptez-vous à vos clients:

- Si vous possédez un très bon niveau de technicité et de connaissances de ce que vous vendez, **restez humble** et intervenez seulement pour appuyer les propos de vos clients.
- Si vous possédez «un plus» par rapport à leurs activités, attendez que vos clients viennent **sur votre terrain** ou faites en sorte de les y amener. Vous pourrez ainsi les aider ou apporter des compléments d'informations qui éveilleront leur intérêt.
- Appliquez-vous, sans exception, à faire pour vos clients **ce que vous aimeriez qu'ils fassent pour vous**.
- Reconnaissez **vos erreurs** (il est impossible de tout maîtriser). **La transparence** n'est pas toujours facile, mais démontre votre **intégrité professionnelle**.

▶ | CONSEIL

Votre exemplarité et vos compétences commerciales sont très rapidement identifiées par vos clients à travers **des offres justes et adaptées**. C'est vous qui comprenez leurs besoins, proposez des solutions, exercez votre relationnel et les fidélisez.

C'est également vous qui décidez de l'organisation et de la gestion de votre vente au sein de votre entreprise.

Les best practices

Best practice	AVANTAGES	LES + CONSEILS	INCONVÉNIENTS
Être valeur d'exemple	• Donne de la crédibilité à votre discours. • Développe une image positive aux yeux de vos clients. • Incite les clients à travailler avec vous.	+ La notion d'exemplarité est porteuse de valeurs souvent reprises par les clients pour faire leur choix final: soyez juste, honnête, compétent, humble, équitable, actif et décisionnaire, valeurs propres à l'exemplarité.	• Certains commerciaux sont atteints de la «maladie du meilleur» et peuvent perdre de leur valeur d'exemple à trop vouloir le prouver. • Ce n'est pas le commercial qui peut dire qu'il est exemplaire, mais ses clients qui, du fait de ses comportements, le qualifient comme tel!
Être honnête et intègre	• Crée la confiance sur le long terme. • Crée des repères pour les clients, surtout lors de nouveaux achats. • Définit un cadre de collaboration. • Déjoue les débordements et les jugements.	+ Appliquez les mêmes règles à tous vos clients et de la même façon (tout se sait ou finit par se savoir): ainsi, votre image d'honnêteté et d'intégrité vous précédera lors de vos futurs rendez-vous. + Si vous devez faire une entorse aux règles pour un de vos clients, soyez sûr de pouvoir l'expliquer si un de vos prospects en a eu connaissance.	• Une entorse aux règles pour un client peut suffire à détruire la notion d'honnêteté et d'intégrité. • L'affectivité et la relation humaine qui existent avec certains clients peuvent développer une forme d'injustice auprès d'autres clients s'ils finissent par le savoir.
Être compétent	• Permet d'apporter des solutions concrètes aux besoins du client. • Favorise la notion de compétence et donc d'exemplarité.	+ Ne vous contentez pas de montrer à vos clients que vous êtes compétent, mais faites-leur profiter de vos compétences en proposant des solutions qui leur correspondent.	• Un commercial ne peut pas posséder toutes les compétences.

Les ressources, en interne ou en externe

EN INTERNE

Récupérez **toutes les informations nécessaires à votre fonction de commercial**, ainsi que les **documents, notes, classeurs, règles, normes et informations liés à votre activité**. Plus vous fournirez de la matière à vos clients, plus vous apporterez du crédit à votre présentation.

Déterminez ou prenez connaissance des **valeurs qui animent votre entreprise** (beaucoup d'entreprises les ont déjà définies), et transformez-les en comportements observables lorsque vous serez avec votre client.

EN EXTERNE

Tenez-vous informé en **lisant les informations, des magazines, observez vos concurrents**..., pour vous enrichir en permanence et découvrir de **nouvelles sources de progression**. Vous deviendrez ainsi un référent dans votre domaine et dans votre secteur d'activité

Les outils

Les entreprises regorgent d'informations souvent peu ou mal utilisées. Partez à la recherche de tout ce qui vous aidera à **favoriser le développement de votre métier**.

Pour l'exemplarité: déterminez ou prenez connaissance des valeurs de votre entreprise et appliquez-les chaque jour lors de vos entretiens de vente.

Par exemple, si votre entreprise a déterminé comme valeurs l'honnêteté, la proximité, l'exigence, le respect des délais, à vous de transformer ces valeurs en comportements observables pour les faire vivre chez vos clients. Pour ce faire, posez-vous la question: que doivent concrètement représenter la notion de «proximité» ou celle «d'honnêteté» lors de vos entretiens de vente auprès de vos clients?

Le budget

Consacrez du temps à la découverte de ce que font vos concurrents, de ce qu'apprécient vos clients, de l'évolution de votre secteur d'activité.

Prévoyez un budget pour rester informé des évolutions de votre métier (abonnements à des magazines professionnels...).

Les limites

À trop vouloir être exemplaire ou «super compétent», la perception des clients peut se transformer et vous pouvez devenir **«Monsieur je-sais-tout»**. Laissez venir les demandes tout en conservant votre exigence.

Il est parfois compliqué de rester «exemplaire» dans des situations qui vous impacteront **un peu plus qu'à l'accoutumée**. En effet, vos réactions dépendent aussi de **votre capacité à gérer vos émotions et votre niveau de stress**. Savoir se maîtriser et se contrôler nécessite pour certains un travail sur soi en profondeur, mais cet exercice est indispensable dès que l'on veut améliorer sa compétence émotionnelle.

On ne peut cacher son incompétence dans un domaine très longtemps et elle deviendra très vite une généralité. Vos clients chercheront à savoir si vous cachez autre chose et ne remarqueront plus vos autres compétences. Soyez franc, admettez vos incompétences, faites intervenir des spécialistes de votre entreprise et formez-vous!

CRITÈRES DE MESURE DE LA RÉUSSITE

- Vos clients vous demandent facilement **conseil**.
- Vous devenez une **référence pour eux**.
- Vous véhiculez, par vos comportements, une **image positive de votre entreprise et de ses valeurs**

LE PLANNING

EN AMONT

J–30 ● **VALEURS DE VOTRE ORGANISATION**

- Transformez en comportements observables les valeurs de votre organisation afin de pouvoir expliquer ce que vous entendez par honnêteté, exigence, respect... à vos clients.
- Échangez avec vos collaborateurs, votre responsable hiérarchique, sur la manière dont ils peuvent mettre en œuvre ces valeurs dans leur quotidien.
- Observez les comportements des personnes que vous trouvez exemplaires.

LE JOUR J

● **AU QUOTIDIEN**

- Soyez honnête et intègre avec vos clients.
- Soyez juste lors de vos entretiens de vente.
- Intervenez pour vos clients, si nécessaire, au sein de votre entreprise avec les différents services, gardez la main dans les échanges relationnels.
- Communiquez fréquemment avec vos clients et apportez-leur l'information nécessaire au bon déroulement des futures relations.
- Faites vivre les valeurs de votre entreprise.

EN AVAL

J+10 ● **BILAN**

- Relevez les comportements qui vous ont fait défaut.
- Formez-vous.
- Admettez vos erreurs et vos lacunes et prenez vos responsabilités.
- Changez les comportements qui vous ont fait défaut.
- Développez vos compétences.
- Rencontrez votre manager et faites-lui part de vos besoins, de vos attentes et de votre volonté de réussite.

PLAN D'ACTION 31

Exigence et relationnel

L'exigence et le relationnel permettent, ensemble, d'apporter un équilibre lors de la négociation.

Le but

→ Savoir **doser exigence et relationnel** lors des relations clients.

Trop d'exigence vous fera passer pour un commercial autoritaire et buté et trop de relationnel pour un commercial complaisant à qui on peut demander n'importe quoi.

▶ | CE QUI FAIT LA DIFFÉRENCE

Déterminez des curseurs qui vont de 1 à 4, d'une exigence ou un relationnel quasi inexistant à une exigence ou un relationnel fort.

Pour le relationnel:

1. Vous ne tolérez pas l'irrespect. Le respect fait partie des fondamentaux de la relation client et il est impensable que le client se permette de vous parler d'une façon irrespectueuse. Informez-le de votre ressenti, proposez-lui de changer d'interlocuteur (un autre commercial) ou de cesser toute collaboration.

2. Vous tolérez une possible mauvaise compréhension ou un manque d'éducation de votre interlocuteur. Vous agissez immédiatement pour l'informer, vous le prévenez de votre difficulté à travailler dans ces conditions et cherchez ensemble une solution.

3. Vous tolérez un comportement déplacé de votre client ponctuellement. Réunissez-vous pour redéfinir ensemble les règles de votre collaboration et repartir sur de bonnes bases.

4. Vous comprenez les erreurs involontaires de votre client. Vous lui laissez du temps pour se corriger et délimitez une période d'adaptation.

Pour l'exigence:

1. Vous pouvez facilement lâcher prise, votre négociation vous le permet et votre client recherche avec vous une solution gagnante/gagnante.

2. Vous devez conserver une exigence sur un ou deux points de votre négociation.

3. Vous entrez dans une démarche donnant/donnant avec votre client. Vous «lâchez» sur certains points parce qu'il accepte d'en faire autant.

4. Vous devez conserver un niveau d'exigence fort pour ne pas risquer de faire une vente à perte ou d'entrer dans une relation perdant/gagnant.

▶ | CONSEIL

Restez exigeant sur **les points que vous considérez «non négociables»** ainsi que pour **votre marge de négociation**. Pensez à exiger une contrepartie lorsque vous consentez à faire un effort commercial.

Les best practices

Best practice	AVANTAGES	LES + CONSEILS	INCONVÉNIENTS
Être exigeant	• N'autorise pas «l'éventualité» dans les choix et les décisions. • Incite à l'action. • Aide à organiser vos méthodes, vos techniques, votre pensée… • Impose votre légitimité commerciale. • Crée des valeurs dans la négociation.	+ Ayez un niveau d'exigence identique pour tous vos clients. + Évitez l'approximation ou l'éventualité pour être exigeant. + Communiquez rapidement votre niveau d'exigence, dès le début de votre entretien de vente. + Définissez vos exigences en matière de comportements (ponctualité, respect des délais, des règles, des personnes…). + Restez exigeant sur les objectifs que vous vous êtes fixés avant l'entretien.	• Une exigence trop soutenue et pour toutes choses peut passer pour de l'entêtement. • Une exigence sur toutes choses empêche la créativité et peut entraver la liberté de choix.
Être relationnel	• Développe l'échange et la communication. • Favorise la créativité. • Renforce la notion d'humanité dans la relation commerciale.	+ Votre relationnel doit être omniprésent dans vos négociations. + Ne faites pas de déviances comportementales. + Faites preuve de relationnel pour arrondir les angles et montrer vos capacités de diplomate. Il est normal d'être flexible sur des incompréhensions, des points de désaccord, les difficultés rencontrées.	• Le risque est grand de basculer dans l'affectif et dans le «copinage». • Trop de relationnel génère de l'émotionnel. • Trop de relationnel peut être perçu par les clients comme une fausse tentative d'approche commerciale.

Les ressources, en interne ou en externe

EN INTERNE

Prenez en compte **les attentes de votre entreprise, de vos clients, des différents services** et planifiez vos exigences quotidiennement. Le formalisme (des tâches prioritaires, des objectifs de la journée/semaine…) reste le meilleur moyen de positionner votre exigence.

Faites vivre vos exigences en les modifiant régulièrement pour **les adapter au mieux à votre métier**.

Travaillez également votre relationnel au sein de votre entreprise pour obtenir des **appuis efficaces** si nécessaire.

EN EXTERNE

Votre exigence et votre relationnel sont **vos valeurs sur le terrain**. Elles doivent être connues et reconnues par tous, au fur et à mesure de votre expérience professionnelle.

Ne faites **aucun écart** avec un client; la nouvelle pourrait se répandre comme une traînée de poudre et détruire votre image beaucoup plus rapidement que le temps nécessaire à la construire.

Les outils

Pour mesurer votre niveau d'exigence: intégrez dans le tableau suivant ce qui, pour vous, fait partie d'une exigence faible à forte (dans le cadre de vos entretiens de vente).

Exigence (exemples)	1	2	3	4
La ponctualité du client				
Vos délais de livraison				
Votre marge de négociation				
Un client directif				
Un client qui reporte constamment				
L'irrespect				

Le budget

Il n'existe **pas de notion de budget**. Cependant, la clarté de votre exigence vous évitera de répéter plusieurs fois la même chose à vos clients. Vous gagnerez ainsi du temps et de l'énergie pour vous concentrer sur votre objectif.

Les limites

Une exigence continue et sur tous les sujets projette une **image d'autoritarisme**.

Un relationnel trop important renvoie l'**image d'un commercial fragile, non professionnel et dénué de capacité décisionnelle**.

CRITÈRES DE MESURE DE LA RÉUSSITE

- Vous avez identifié vos points d'exigence, ce qui **n'est pas négociable**.
- Vos clients connaissent **vos points d'exigence**.
- Vos clients comprennent ce qui n'est pas négociable et **les décisions** que vous pouvez prendre.
- Vous avez défini les points sur lesquels vous pouvez **travailler votre relationnel** avec vos clients.
- Vos clients font bien la **différence entre votre exigence et votre relationnel**.

LE PLANNING

EN AMONT

J–30

FAIRE LA LISTE DE VOS EXIGENCES

- Faites la liste de vos exigences en matière de négociation: les règles, les remises, les comportements, les valeurs et les objectifs vis-à-vis de vos clients.
- Notez, pour chaque négociation, le niveau d'exigence souhaité. Déterminez ce qui ne sera jamais négociable de ce qui peut l'être.
- Ajoutez, pour cette liste, votre niveau de tolérance, souvent lié aux degrés d'urgence et d'importance des négociations et des objectifs à atteindre.
- Le «non-négociable» et le «tolérable» vous créeront un mode de fonctionnement clair. Ils deviendront vos repères face à vos clients au cours de vos entretiens de vente et instaureront un cadre de fonctionnement et de clarté. Ils donneront du sens à votre métier.

ÉTABLIR LES BASES DE VOTRE RELATIONNEL

- Déterminez les limites de votre relationnel et la façon dont vous allez en faire usage avec vos clients.
- Gardez à l'esprit que le relationnel impose un investissement émotionnel et qu'il est toujours difficile de le maîtriser continuellement. Certaines affinités se créent naturellement et d'autres nécessitent un effort. Soyez sûr que cet investissement réalisé en vaut la peine.

LE JOUR J

VIVRE VOS VALEURS

- Pensez à vos conditions d'exigence et à l'aspect relationnel quelques minutes avant de démarrer votre entretien de vente.
- Rencontrez chaque client en portant vos valeurs de la même façon.
- Faites connaître vos attentes et le non-négociable au cours de l'entretien avec votre client si nécessaire.

EN AVAL

J+1 à J+…

TRAVAILLER VOTRE LISTE AU QUOTIDIEN

- Gardez votre mode de fonctionnement en matière d'exigence et de relationnel et continuez à le travailler après chaque rendez-vous pour le faire évoluer si nécessaire.
- Laissez toujours la possibilité aux personnes que vous avez rencontrées d'avoir mal compris ou interprété vos propos. Seule la répétition des fautes impose une action de fermeté, même face à un client.
- Prévenez toujours votre client de votre ressenti et de votre volonté de rechercher une solution. Informez-le également de ce que vous ne pourrez plus accepter à l'avenir.
- Si la situation perdure, rencontrez votre client pour lui faire part des changements nécessaires et de la dernière possibilité qui s'offre à vous de collaborer efficacement.
- Pensez à travailler vos émotions pour ne pas agir sous le coup de l'impulsion.

PLAN D'ACTION 32

Combativité et persévérance

Les remises en cause fréquentes, les échecs répétés obligent le commercial à faire preuve de pugnacité et de patience au quotidien.

Le but

→ Comprendre qu'il est nécessaire d'**avoir un esprit combatif et de compétiteur** pour exercer le métier de commercial.

Un commercial combatif n'abandonne pas **malgré les échecs répétés, les refus des clients** et a suffisamment de persévérance pour **continuer à rencontrer des prospects** et savoir qu'il finira par réaliser des ventes.

▶ | CE QUI FAIT LA DIFFÉRENCE

La réussite est mathématique: plus le commercial rencontrera de prospects, plus ses chances de concrétiser augmenteront. **Ses compétences joueront sur l'augmentation du nombre de contrats réalisés, mais la base du nombre de prospects est significative.** Par exemple: un excellent vendeur rencontre 6 prospects par semaine et signe 1 contrat sur 2, il aura 3 contrats à la fin de la semaine. Un vendeur moins chevronné capable de signer 1 contrat sur 3, mais qui rencontre 3 prospects par jour soit 15 dans la semaine, aura signé 5 contrats. Moins compétent mais plus combatif et persévérant, le second vendeur atteindra ses objectifs et certainement ses primes.

Le commercial qui espère tomber sur la belle affaire et adapte son emploi du temps par rapport à cette idée risque d'avoir **des fins de mois difficiles**…

▶ | CONSEIL

- L'échec et la remise en cause font partie intégrante du métier de commercial, mais ce sont aussi eux qui **le rendent pugnace**. Utilisez chaque échec comme un moyen d'améliorer vos futurs entretiens de vente et apprenez à ne pas rejeter vos erreurs sur les autres.
- Rester **optimiste** et savoir que l'on va réussir avec le temps développe l'esprit de combativité.
- La persévérance du commercial restera toujours son meilleur allié pour rester combatif. Gardez à l'esprit que **le travail, la répétition des rencontres et la volonté de réussir** seront toujours payants.

Les best practices

Best practice	AVANTAGES	LES + CONSEILS	INCONVÉNIENTS
Être combatif	• Développe votre confiance en vous. • Permet de vous relever après les échecs. • Permet de faire preuve de ténacité.	+ Construisez votre combativité à partir de vos expériences passées.	• La combativité peut faire peur à votre entourage professionnel. • Il faut savoir aussi faire preuve de diplomatie.
Vous remettre en cause	• Permet de comprendre les causes de vos échecs.	+ Cherchez de façon systématique ce qui a pu vous faire échouer.	• Il ne faut pas se remettre en cause sur tout et n'importe quoi.
Être persévérant	• Permet de continuer à avancer malgré les difficultés. • Finit toujours par donner des résultats.	+ Restez positif en toutes circonstances et continuez à avancer. + Restez patient, la persévérance vous donnera toujours raison.	• Il ne faut pas confondre persévérance et entêtement ou aveuglement.

Les ressources, en interne ou en externe

EN INTERNE

La combativité et la persévérance sont un **état d'esprit**.

Elles peuvent parfois être mises en avant dans votre entreprise comme des valeurs ou encore être portées par votre manager.

Il est important de pouvoir les retrouver dans **votre entourage** pour les utiliser comme des croyances fortes: il est toujours plus aisé de le faire lorsqu'elles vivent autour de vous.

EN EXTERNE

Mettez en avant ces deux éléments devant toutes personnes que vous rencontrez à l'extérieur de votre entreprise.

Plus vous serez reconnu dans ce sens par **vos clients, vos collègues et vos concurrents**, et plus ces derniers vous renverront cette image de commercial combatif et persévérant. Sans le savoir, ils contribueront à les renforcer et vous permettront de les affirmer encore plus au fil de vos rencontres et de vos affaires.

Les outils

Cet outil non-exhaustif vous permettra d'**évaluer votre combativité et votre persévérance au fur et à mesure du temps**.

Combativité	Maîtrisé	En cours	À travailler
Vous tirez un enseignement de vos échecs en entretien de vente			
Vous êtes rarement «bredouille» à la fin d'un entretien de vente			
Peu importent les offres de vos concurrents, vous cherchez des moyens de les vaincre			
Persévérance			
Vous conservez votre optimisme commercial jusqu'au dernier jour du mois			
Vous conservez un fichier des prospects qui ont refusé vos ventes pour refaire une tentative plus tard			
Pour vous, la vente commence à partir du moment où votre client dit: «Non»			

Le budget

Il n'existe pas de budget pour développer votre combativité et votre persévérance; en revanche, celles-ci vous permettront de **gagner de l'argent** avec certitude.

Les limites

La combativité est souvent une force que l'on doit **développer seul** et il n'est pas toujours évident de la conserver au quotidien. Il est important de savoir s'entourer de personnes capables de vous redonner cette force pour repartir à nouveau.

La persévérance est, comme la combativité, un élément qui peut avoir **des hauts et des bas**. La perte du rationnel peut facilement vous faire basculer dans l'émotion et douter («c'est impossible», «je ne vais pas y arriver»...). Évitez de penser à ce que vous ne pouvez pas obtenir; pensez plutôt à ce que vous pouvez atteindre.

CRITÈRES DE MESURE DE LA RÉUSSITE

Pour la combativité:

- Après un échec, vous réfléchissez à ce qui vous a empêché de réaliser l'affaire (en occultant la faute du client et du prix).
- Vous retournez voir des prospects chez qui vous aviez échoué quelques semaines ou quelques mois plus tôt.
- Vous rencontrez quand même des prospects chez qui vos concurrents sont bien implantés.

Pour la persévérance:

- Vous vous faites votre propre opinion sur votre business et vous ne laissez pas les pessimistes vous briser le moral ou vous empêcher d'agir.
- Vous ne vous trouvez pas d'excuses pour ne pas faire vos rendez-vous ou rencontrer des prospects.
- Après un échec, vous repartez vers de nouveaux prospects.

LE PLANNING

EN AMONT

J–30 ● **PRÉPARER VOTRE COMBATIVITÉ**

- Chaque objectif, chaque rendez-vous client, chaque mission et tâche doivent aboutir. Il existe peu de raisons de ne pas faire ce que l'on a prévu de faire et, si c'est le cas, c'est plus fréquemment à cause d'une mauvaise organisation.
- Plutôt que de chercher les raisons qui vous incitent à ne pas aller à un rendez-vous prospect, trouvez les raisons qui vous poussent à le rencontrer (par exemple: «Ça ne sert à rien que j'aille à ce rendez-vous, je sais que je ne ferai pas l'affaire» se transforme en: «Je dois connaître les raisons de mes réussites ou de mes échecs»).

J–15 ● **FAIRE PREUVE DE PERSÉVÉRANCE**

- Imposez-vous de revoir dans les semaines ou les mois à venir tous les prospects que vous n'avez pas pu convaincre. Inscrivez-les dans un plan de prospection futur et retournez les voir dès que l'occasion se présentera.
- Gardez à l'esprit que tant qu'une journée, une semaine, un mois n'est pas fini, toutes les opportunités peuvent se présenter, et ce même à la dernière heure du dernier jour de la semaine ou du mois.

LE JOUR J

● **VIVRE VOS VALEURS**

- Gardez à l'esprit, juste avant de passer votre entretien de vente, qu'il est nécessaire de terminer celui-ci en repartant avec une «vente» (qu'il s'agisse d'un contrat, d'un nouveau rendez-vous, d'obtenir des noms que votre prospect vous donnera…).
- Rencontrez chaque client en portant vos valeurs de la même façon.
- Faites ressentir à votre client votre combativité et votre persévérance.

EN AVAL

J+1 à J+30 ● **TRAVAILLER VOTRE LISTE AU QUOTIDIEN**

- Restez cohérent sur vos valeurs de combativité et de persévérance et continuez à les travailler après chaque rendez-vous pour les faire évoluer si nécessaire.
- Communiquez toujours votre envie et votre volonté d'aller de l'avant et de rester optimiste.
- Pensez à travailler vos émotions pour ne pas agir sous l'impulsion, surtout en matière de combativité. Celle-ci vous appartient et représente votre force à combattre, pas à vous battre contre les autres.

→ OBJECTIF 08

Utiliser les outils du quotidien

Dans la pratique de votre activité, vous aurez besoin d'une «boîte à outils» pour gérer avec efficience les différentes situations que vous rencontrerez.

Aucune affaire ne se déroule sans devoir **procéder à quelques ajustements**. **Un point de litige** peut être préjudiciable au maintien d'une relation de confiance avec votre client s'il n'est pas **traité avec justesse et sans délai**.

Les réunions clients ne sont efficaces que si vous prenez le soin de **les préparer, d'en fixer les objectifs, de les cadrer et d'en définir le suivi**. Il est facile, dans ce genre d'exercice, de perdre un temps précieux.

Maîtriser vos priorités et vos échéances par une **gestion de votre temps optimale** vous permettra de vous concentrer sur ce qui est essentiel pour performer.

PLAN D'ACTION 33

Gérer les litiges et les conflits

La gestion des litiges et des conflits, partie intégrante du métier de commercial, permet de mieux maîtriser la fidélité client.

Le but

→ Gérer les litiges avec ses clients à l'aide de **techniques adaptées aux différentes situations**.

Certains éléments et pratiques permettent de **réduire les risques** de litiges avec ses clients. Ils nécessitent de **comprendre les incidences émotionnelles** provoquant les conflits.

CE QUI FAIT LA DIFFÉRENCE

Le commercial qui réalise ses ventes en étant **transparent avec ses clients** connaît moins de litiges et de conflits que celui qui cache des problèmes envisageables liés à ses produits ou à ses services.

L'expérience n'est pas forcément l'attribut nécessaire pour développer plus de capacité à éviter les litiges ou à les résoudre. Un commercial avec des habitudes fortement ancrées et dont les méthodes de vente ne sont pas particulièrement transparentes provoquera bien plus de situations litigieuses que celui qui joue **carte sur table** avec son client.

Celui qui connaît ses produits/services et est capable d'en **parler sans crainte**, qui sait répondre aux interrogations de son client **sans mensonges** et qui est capable de **faire face aux objections** rencontrera beaucoup moins de problèmes et fidélisera plus souvent sa clientèle.

CONSEIL

- Apprenez à faire preuve de **transparence** avec vos clients. Pour cela, préparez-vous à répondre le plus clairement à leurs questions.
- Posez les règles et respectez-les. Plus les éléments sont identifiés en amont, sont **factuels et formels**, et moins il y a de risques de litiges.
- Contrôlez vos émotions lorsqu'un client «attaque» un défaut de votre produit/service, il a le droit de **s'interroger sur ce qu'il achète**. Il est d'ailleurs plus fréquent que celui-ci dénonce une faille des produits/services qu'un problème lié au commercial ou à son entreprise. Faites la différence et **restez courtois**.
- Tant que vous n'êtes pas agressé à titre personnel et que l'on vous respecte, **le client reste roi** !

Les best practices

Best practice	AVANTAGES	LES + CONSEILS	INCONVÉNIENTS
Poser un cadre de collaboration	• Limite les risques de litiges, grâce à des règles indiquées clairement et rapidement.	+ Ne cachez pas d'informations à vos clients sous prétexte que vous pourriez rater votre vente.	• Demande une bonne connaissance de ses produits et services. • Nécessite une bonne préparation sur les réponses aux objections.
Gérer les litiges	• Permet de montrer aux clients votre capacité à gérer les problèmes qui peuvent survenir après la vente. • Permet de fidéliser votre clientèle par une intervention rapide et efficace.	+ La fuite ne fait que reculer l'échéance: affrontez le plus rapidement possible tout problème survenu avec votre client. + Montrez votre engagement au-delà de votre vente.	• Peut amener un commercial, ayant acquis de l'expérience dans la gestion de litiges, à gérer ce qui ne le concerne pas.
Comprendre vos émotions	• Permet de mieux comprendre votre mode de fonctionnement. • Aide à utiliser plus facilement vos capacités rationnelles.	+ Interrogez-vous sur les éléments qui vous font perdre le contrôle pour en comprendre l'origine.	• Demande une capacité d'introspection sur ses réactions émotionnelles.
Gérer les conflits	• Redéfinit un cadre en cas de désaccord. • Permet d'éviter que les situations s'enveniment.	+ Basez-vous sur des éléments factuels. + Formalisez si possible ou si nécessaire (les paroles s'envolent les écrits restent), cela permet souvent de calmer votre interlocuteur.	• Impose d'instaurer un cadre au préalable. • Demande de la concentration pour recadrer la situation.

Les ressources, en interne ou en externe

EN INTERNE

Posez des bases de fonctionnement clairement identifiées avec **chaque service de votre entreprise** afin d'éviter des litiges inutiles (modalités et délais de relance du service comptable, délais de livraison…).

Utilisez **les conditions et les règles** créées par votre entreprise pour gérer tout problème futur.

Renseignez-vous auprès des différents services de votre entreprise pour savoir s'ils possèdent des règles spécifiques que vous devriez connaître.

Lorsque vous sentez qu'il vous est difficile de résoudre le litige ou le conflit, demandez, au sein de votre entreprise, si quelqu'un peut intervenir à votre place. Parfois un **changement d'interlocuteur** suffit à dégonfler le problème.

EN EXTERNE

Tentez, du mieux que vous pouvez, d'obtenir les **règles de fonctionnement de vos clients, mais aussi de vos concurrents**.

Pour vos concurrents, vous pouvez vérifier si les éléments factuels de leurs cadres et de leurs règles sont conformes aux usages courants et qui s'appliquent à votre «business».

Les outils

Pour gérer un conflit, respectez la **démarche DESCF**:

- **Décrire la situation**: utilisez les éléments factuels (qui ne peuvent être ni jugés, ni remis en cause).
- **Exprimer votre sentiment**: communiquez à votre interlocuteur votre ressenti.
- **Suggérer une solution**: proposez une possibilité de sortir du conflit et négociez-la.
- **Citer le positif**: permettez à votre interlocuteur une issue positive au conflit.
- **Formaliser votre accord**: notez votre accord pour ne plus avoir à y revenir par la suite.

Le budget

Il n'existe **pas de budget** en gestion de conflit, si ce n'est celui de la perte de confiance, de chiffre d'affaires et la mauvaise image qui peuvent en découler.

Des conflits larvés avec un de vos clients (même s'ils ne proviennent pas de votre fait) provoqueront naturellement **une perte d'efficacité et donc de chiffre d'affaires**...

Les limites

Attention à ne pas **détourner les litiges et les risques de conflits** avec son client en direction des autres services de son entreprise qui ont souvent bon dos dans ces situations...

Toutes situations de litiges ou de conflits ne peuvent pas toujours se résoudre: dans ce cas, il faut savoir **se retirer et laisser passer du temps**.

La fierté et la volonté de toujours avoir raison sont autant de freins à une bonne gestion de conflits.

Il peut être tentant de devenir le médiateur de tous les conflits, au risque de voir son image devenir rapidement celle **d'un ambassadeur** et non d'un commercial.

CRITÈRES DE MESURE DE LA RÉUSSITE

- En parvenant à **détecter chez votre client ce qui peut déclencher un conflit**, vous gagnez en rapidité pour le désamorcer ou l'éviter.
- En parvenant à **rester sur des faits lors d'un litige**, vous gagnez en efficacité.
- Vous gardez à l'esprit votre rôle de commercial, sans oublier que vous êtes **porteur de l'image de votre société**.
- Vous savez passer d'une gestion de conflit à une confrontation basée sur une **volonté de résoudre le problème**.

LE PLANNING

EN AMONT

J–30 ● **RECONNAÎTRE LES CONFLITS**

- Apprenez à observer vos clients et à détecter leurs comportements habituels, ce qui déclenche chez eux des sources de conflits.
- Sachez reconnaître les différents styles de personnalité et entraînez-vous à régler les conflits avec chaque style de communication.
- Repérez ce qui provoque le plus fréquemment des litiges chez vos clients et cherchez des solutions pour les résoudre avec les autres services, au sein de votre entreprise.
- Consignez de façon précise les faits et situations que vous avez observés.
- Désamorcez ce qui semble être un conflit larvé ou latent chez vos clients.

LE JOUR J

● **AGIR**

- Intervenez le plus vite possible lors d'un litige ou conflit chez votre client.
- Si le conflit est émotionnel (dispute…), laissez passer un peu de temps afin que tout le monde retrouve son calme.
- Résolvez le conflit avec votre client en étant factuel et en rappelant les règles; utilisez la méthode DESC (voir en outils).
- Ne manifestez pas de «préférences», ni d'émotions.

EN AVAL

J+1 ● **SUIVRE ET INTERVENIR**

- Continuez à observer les sujets pouvant déclencher des litiges avec vos clients.
- Réglez les ajustements au sein de votre entreprise avec les autres services si nécessaire.
- Pensez à féliciter les services de votre entreprise lorsque vous pouvez constater leurs efforts.

PLAN D'ACTION 34

Rapports d'activité et comptes rendus

L'entreprise a besoin de retours terrain et peut les obtenir grâce à ses commerciaux.

Le but

→ Rédiger les **informations essentielles et synthétiques de ses visites** de prospects et de clients pour **les communiquer à sa hiérarchie**.

Le compte rendu et le rapport d'activité du commercial sont des éléments fondamentaux pour l'entreprise, permettant de **connaître les activités du terrain ainsi que l'évolution du marché**.

Ils permettent d'**améliorer la base de données** et de **mettre à jour les informations** du marché et des prospects/clients.

CE QUI FAIT LA DIFFÉRENCE

Seuls les commerciaux qui réalisent des rapports et des comptes rendus de leurs activités permettent, non seulement à leur entreprise mais également à eux-mêmes, de **développer leurs techniques** et d'**affiner leurs actions dans le temps**.

Les détails fournis dans les rapports d'activité sont importants car ils permettent de **comprendre les raisons d'un échec ou d'un succès**, d'autant qu'ils sont rarement relus ou réutilisés dans les jours ou les semaines à venir. Il est donc impératif que le commercial y inscrive toutes les informations qui lui paraissent importantes.

CONSEIL

Utilisez au moins deux outils pour conserver les traces de vos visites et communiquer efficacement avec votre hiérarchie:

- **Le rapport**: il permet de conserver les traces de vos entretiens de vente afin de mettre à jour les données et de préparer d'éventuelles actions dans le futur pour un prospect n'ayant pas acheté. La préparation d'une nouvelle rencontre et la mise en place d'une stratégie de vente en seront facilitées.
- **Le compte rendu**: il reflète votre activité (en général sur une semaine et sur un mois) et fait le lien avec vos indicateurs commerciaux, explique et corrige si nécessaire votre organisation; il permet en outre à votre hiérarchie d'exercer un contrôle sur vos actions terrain pour de futures actions efficaces.

Les best practices

Best practice	AVANTAGES	LES + CONSEILS	INCONVÉNIENTS
Prendre des notes en entretien	• Évite les oublis au sortir des entretiens de vente. • Permet, à l'aide de quelques mots, de se remémorer des phrases, des contextes et des situations vécues avec son prospect ou son client.	+ Écoutez et ne cherchez pas à anticiper ce que va dire votre interlocuteur. + Lors de l'entretien avec votre client, prenez des notes courtes, principalement des mots. + Utilisez des abréviations. + Préparez vos feuilles de prise de notes en répartissant clairement les informations dessus.	• Nécessite de savoir distinguer l'essentiel de l'inutile parmi les informations recueillies auprès de votre interlocuteur.
Rédiger un rapport de visite	• Permet de consigner les informations recueillies lors de l'entretien de vente. • Permet de conserver une trace de votre travail. • Facilite l'analyse «à tête reposée» de l'entretien de vente.	+ Le rapport de visite est un bilan de l'entretien de vente: indiquez tout ce qui vous paraît important. + Pensez à noter les détails de votre négociation de vente, la façon dont a réagi votre client, les concurrents cités, les prix, les délais… + Réalisez votre rapport peu de temps après être sorti de votre entretien de vente.	• Demande de la rigueur (il doit être fait systématiquement). • Demande un peu de temps et de concentration. • Impose de travailler son esprit de synthèse.
Faire un compte rendu	• Permet d'avoir une visibilité sur votre activité (jour, semaine et mois). • Permet de corroborer les informations des indicateurs commerciaux.	+ N'attendez pas que votre hiérarchie vous demande des comptes rendus d'activité. Faites-les de vous-même, ils vous permettront d'avoir une vision plus stratégique de votre activité.	• Demande du temps. • Est parfois vu par les commerciaux comme un outil de «flicage» managérial.

Les ressources, en interne ou en externe

EN INTERNE

La plupart des entreprises disposent d'**outils adaptés au suivi de l'activité** de leurs commerciaux.

Renseignez-vous auprès de votre manager pour savoir ce qui existe et pouvoir l'utiliser au plus vite. L'attente liée au remplissage de ces documents fait perdre non seulement du temps (tout recopier par la suite), mais aussi des informations.

EN EXTERNE

Vous trouverez un **grand nombre de modèles sur Internet** vous permettant de créer votre rapport de visite ou vos comptes rendus pour peu qu'ils n'existent pas dans votre entreprise.

Adaptez-les à votre activité et faites-les évoluer avec le temps, mais surtout utilisez-les; ils sont la mémoire de votre métier et l'histoire de votre activité.

Les outils

Le rapport de visite doit comporter au minimum les éléments suivants:

- Les dates de visite.
- Le secteur géographique (en rapport avec vos normes de découpage).
- La raison sociale et les coordonnées du prospect.
- Les interlocuteurs rencontrés ou à rencontrer (avec leurs fonctions et coordonnées).
- Toutes les informations relatives à vos entretiens (potentialité d'achat, concurrence, prix, conditions, documents fournis, accords recherchés…).

Le compte rendu doit fournir au moins les informations suivantes:

- Le secteur géographique travaillé (jour, semaine, mois).
- Des informations succinctes (raison sociale, dirigeant, nombre de visites…) sur les entreprises visitées (prospect ou client) et les raisons (visites clients, prospection organisée, «dans le dur»…).
- Un global des indicateurs commerciaux en fin de compte rendu pour évaluer la performance.

Le budget

Un bloc-notes et un stylo sont suffisants pour réaliser votre prise de notes.

Un classeur, du papier et un stylo permettent de constituer vos outils de suivi (rapport d'activité et compte rendu).

Les limites

Le risque de vouloir trop en mettre dans ses rapports et ses comptes rendus génère des documents que personne ne souhaite relire, pas même celui qui les a remplis. **Trop d'informations tuent l'information**.

Étant l'un des éléments les plus rébarbatifs pour un commercial, l'utilisation des outils de suivi est assez rapidement abandonnée. **Le formalisme** est souvent aux antipodes du comportement du commercial.

CRITÈRES DE MESURE DE LA RÉUSSITE

- Vous parvenez à remplir **l'intégralité de vos documents** (rapports d'activité et comptes rendus) après chaque visite client et à une période donnée (au minimum une fois par semaine pour les comptes rendus par exemple).
- Vous prenez le temps de **réutiliser ces données** pour planifier vos prochaines sorties terrain, pour évaluer un potentiel de chiffre d'affaires, pour appréhender un rendez-vous différemment…

LE PLANNING

EN AMONT

J–30 ● **PRÉPARER VOS DOCUMENTS**

- Préparez et contrôlez que vous êtes bien en possession de tous les documents qui vous seront utiles pour réaliser vos reportings quotidiens.
- Vérifiez que vous avez votre bloc-notes ou un cahier pour vos prises de notes.
- Vérifiez que vous avez vos fiches de rapport d'activité.
- Vérifiez que vous avez vos fiches de compte rendu.

J–1 ● **ORGANISER VOS DOCUMENTS**

- Lors de votre entretien, faites en sorte de prendre vos notes au fur et à mesure sur votre cahier en ayant pris soin d'indiquer la date de façon visible sur chaque feuille.
- Évitez d'utiliser votre support de prise de notes de façon anarchique; vous risqueriez de perdre beaucoup de temps pour vous y retrouver.

LE JOUR J

● **PRENDRE DES NOTES**

- Lors de votre prise de notes, restez en contact visuel avec votre client. Notez seulement les messages essentiels à l'aide de mots simples.
- Utilisez vos notes pour reformuler ce que votre client vous dit.
- Pensez à structurer votre prise de notes (utilisez des formats préparés sur votre support) pour faciliter leur retranscription par la suite.

EN AVAL

J+1 ● **RETRANSCRIRE VOS NOTES**

- Retranscrivez l'intégralité de vos notes en ajoutant les détails qui vous reviennent à l'esprit après votre rendez-vous. Appuyez-vous sur les mots que vous avez écrits pour vous remémorer les phrases de votre client.
- Réalisez cette retranscription le plus rapidement possible après chaque entretien.

J+1 ● **FAIRE VOTRE RAPPORT DE VISITE**

- Établissez votre rapport de visite en synthétisant les informations et en conservant les plus utiles. Pensez que votre rapport est susceptible d'être relu par vous ou par votre hiérarchie.

J+1 à J+7 ● **FAIRE SON COMPTE RENDU**

- Notez chaque jour vos rendez-vous, vos kilomètres, les secteurs visités, les prospects découverts...
- En fin ou en tout début de semaine, faites à votre hiérarchie un compte rendu de votre activité et de vos résultats.

PLAN D'ACTION 35

La réunion client

Présenter ses offres à un ensemble de décisionnaires d'une entreprise nécessite de la méthode pour convaincre efficacement.

Le but

→ **Préparer une réunion** pour un **groupe de personnes** faisant partie de la même entreprise afin de **présenter ses offres et ses produits/services**.

Être convaincant nécessite de **savoir argumenter devant plusieurs individus**.

Animer sa réunion et la faire vivre pour améliorer sa présentation, la rendre participative et interactive permet d'avoir un **impact efficace** aux yeux de tous les interlocuteurs présents.

▶ | CE QUI FAIT LA DIFFÉRENCE

Plus complexe qu'un simple rendez-vous avec un interlocuteur unique, vous allez devoir **composer avec plusieurs types de personnalité** lors de l'organisation d'une réunion de présentation de ses offres. Il doit alors **répondre aux interrogations de chacun d'entre eux** sans perdre le fil de sa présentation et en respectant un **timing** qui lui est imparti.

L'efficacité d'une réunion se base sur le **fond du message transmis** (les arguments), mais également sur la **forme** (l'animation); il est nécessaire d'apprendre à **maîtriser les deux** pour convaincre son auditoire.

▶ | CONSEIL

- Vous devez maîtriser vos offres sur le bout des doigts afin de **vous libérer des contraintes psychologiques** (celles qui génèrent des craintes par un manque de connaissances ou la peur d'être pris en défaut sur un sujet non maîtrisé) **et techniques** (n'hésitez pas à vous faire accompagner par un technicien de votre entreprise si nécessaire).
- **La préparation est l'aspect le plus important** de ce type de réunion. Préparez tous les documents utiles, synthétisez votre présentation sur une feuille, anticipez les objections potentielles et imposez-vous un timing validé avec votre client.
- Gardez votre **fil conducteur** tout au long de la réunion et «cadrer» vos participants, si besoin, en leur faisant comprendre que vous devez **respecter un ordre du jour** et que si certaines questions nécessitent plus de détails, il sera toujours possible de les rencontrer par la suite individuellement ou d'organiser une nouvelle réunion avec l'accord de tous les participants.

Les best practices

Best practice	AVANTAGES	LES + CONSEILS	INCONVÉNIENTS
Préparer votre réunion client	• Permet d'éviter les oublis. • Permet d'anticiper le nombre de documents nécessaires. • Donne une trame à suivre.	+ Préparez un document de synthèse que vous pourrez remettre à tous les participants. + Écrivez votre trame (points à aborder) sur une page. + Appuyez votre présentation par une projection de documents (si réalisable).	• Risque de trop de formalisme et de s'y perdre par la suite pour retrouver ses messages. • Temps nécessaire pour une bonne préparation.
Argumenter lors de la réunion	• Permet de prendre en compte chaque personnalité présente et d'entrer dans leur mode de communication.	+ Notez des verbes d'action sur votre trame pour renforcer votre message. + Imaginez les objections possibles pour les anticiper et y répondre aisément.	• Risque de répondre trop vite aux objections.
Animer votre réunion	• Permet de faire vivre votre réunion. • Évite l'ennui des participants. • Appuie le fond du discours et donne envie d'écouter.	+ Utilisez des anecdotes pour donner vie à vos explications. + Jouez sur votre intonation pour colorer votre message.	• Risque de perdre le fil et d'être trop «théâtrale». • Risque de dépassement du temps imparti.
Cadrer votre réunion	• Permet de respecter le temps prévu. • Permet de reporter les questions hors sujet.	+ Soyez clair dès le début de votre réunion, vous pourrez plus aisément revenir dessus si nécessaire. + Ne vous laissez pas entraîner sur des terrains hors sujet.	• Attention à apporter à l'intonation de la voix. • Risque de débordements émotionnels.

Les ressources, en interne ou en externe

EN INTERNE

La réunion client peut se dérouler au sein de votre entreprise.

Anticipez et réservez une **salle adaptée** au nombre de participants prévus. Prévoyez un **paper-board** (stylos et feuilles) pour faire «vivre» votre animation et noter les points importants.

Si vous utilisez un **ordinateur** et un vidéo-projecteur, contrôlez tout préalablement pour que la projection se déroule sans incident. Le matin, un café est toujours apprécié et, dans la journée, des petites bouteilles d'eau…

Les **autres services de votre entreprise** détiennent des informations pouvant impacter votre activité. Vos **homologues** ont parfois organisé des réunions abordant des sujets qui vous concernent et disposent d'éléments de présentation qui peuvent vous être utiles.

EN EXTERNE

Pour **une réunion chez votre client** ou dans un lieu choisi par lui, préparez vos **points de contrôle** (matériel, copies, Internet…) et arrivez à l'avance pour vous **approprier les lieux**.

Les réunions matinales sont souvent plus efficaces et permettent de continuer à échanger autour d'un repas par la suite.

Faites participer, dans la mesure du possible, des **intervenants internes** pour les sujets les plus spécialisés; ils appuieront votre démarche et apporteront du crédit à vos arguments.

Les outils

Prévoyez **au minimum**:

- Un paper-board/tableau blanc avec feutres de couleur.
- Vos supports reprenant l'ensemble des informations à diffuser au cours de la réunion.
- Des feuilles vierges pour vos participants, quelques stylos.

Les plus:

- Votre ordinateur branché sur un vidéo-projecteur.
- Une préparation PowerPoint (1 thème par transparent, 15 mots en moyenne, des schémas simples au graphisme clair).
- Un support pour les participants (copie du PowerPoint, résumé et points clés) sur papier et/ou clés USB.

Et toujours… Vos bons de commande!

Le budget

Peu, voire pas de budget pour organiser vos réunions client car elles ont souvent lieu soit dans leur entreprise soit dans la vôtre.

Le **coût d'une salle** pour une demi-journée est compris entre 250 et 500 € en fonction du «standing» de celle-ci et des prestations associées (pause gourmande…).

Faites en sorte d'avoir toujours du matériel qui fonctionne (feutres, stylos…) en **anticipant les achats nécessaires**.

Les limites

La gestion de plusieurs décisionnaires amène le risque d'**un plus grand nombre de questions ou d'objections**.

Le temps prévu et réellement passé au cours d'une réunion client est l'un des éléments les plus difficiles à maîtriser: il peut très vite devenir votre principal ennemi.

Il est fortement déconseillé d'aborder des sujets radicalement différents au cours d'une même réunion, et ce même si vos participants s'interrogent sur le sujet. **Les débordements et les hors sujet** devront être recadrés ou reportés.

CRITÈRES DE MESURE DE LA RÉUSSITE

- Vous avez fixé l'objectif de votre réunion à votre client de façon claire et précise.
- Vous avez prévenu à l'avance, en ayant précisé l'heure, le lieu, la durée de la réunion, l'objectif et les personnes conviées.
- Vous vous êtes suffisamment préparé, avez une trame, un document de synthèse et des documents à remettre.
- Vous avez fait vivre votre réunion grâce à des exemples, des anecdotes.
- Vous avez conservé la maîtrise et fait respecter le cadre, sans vous disperser.
- Les participants ont réagi positivement après votre réunion client. Vous avez pu atteindre les objectifs que vous vous êtes fixés.

LE PLANNING

EN AMONT

J–30 à J–10

- **PRÉPARATION DE VOTRE RÉUNION CLIENT**
- Planifiez la réunion avec votre client en fixant une date suffisamment à l'avance.
- Préparez-la le plus tôt possible: thèmes, objectifs, timing prévisionnel, salle, matériels…
- Concevez votre support de présentation en intégrant des visuels, des schémas simples, des graphiques pour le rendre dynamique. Limitez le nombre d'informations sur chaque «slide» afin de ne pas noyer les principaux messages en restant lisible.
- Pour rendre votre présentation PowerPoint vivante, vous pouvez utiliser des «effets de transition» qui accompagneront votre discours tout en diffusant progressivement l'information.

J–7

- **CONFIRMATION DE LA RÉUNION**
- Envoyez un mail de confirmation à votre client et à tous les participants.

LE JOUR J

- **RÉUNION CLIENT**
- Prenez possession de la salle de réunion vingt à trente minutes avant le commencement. Vous pourrez vous préparer sérieusement et calmement.
- Accueillez tous vos participants à l'entrée de la salle.
- Démarrez à l'heure.
- Suivez votre trame jusqu'au bout.
- Synthétisez les points clés au moment de la conclusion.
- Accordez un temps à votre client pour vous poser des questions.
- Interrogez à votre tour pour connaître le ressenti des participants et la suite des événements.

EN AVAL

J+1

- **COMPTE RENDU AU CLIENT**
- Rédigez un rapport/compte rendu reprenant les différents points clés abordés et diffusez-le aux personnes présentes à la réunion ainsi qu'à votre manager, si nécessaire.

J+10

- **RELANCE**
- Relancez votre client sur la suite à donner et reprenez rendez-vous, si nécessaire, pour signer.

PLAN D'ACTION 36

Le temps du commercial

La gestion du temps est essentielle à une bonne planification de son secteur et à une répartition équitable de ses missions et tâches.

Le but

→ Comprendre que son organisation passe par une **obligation d'investir du temps** pour **en gagner par la suite**.

Améliorer vos capacités à gérer votre temps et vos priorités sera possible en tenant compte de trois dimensions: moi, les autres et les événements. Avant tout, décelez vos travers personnels et vos axes de progrès grâce aux cinq lois fondamentales du temps.

▶ | CE QUI FAIT LA DIFFÉRENCE

Lois de gestion du temps et d'organisation:

- **La loi de Paretto (20/80)** – 20 % des activités = 80 % des résultats. Consacrez-vous à votre cœur de métier.
- **La loi de Carlson** (séquences homogènes) – Faire un travail sans interruption demande moins de temps au total que de le faire en plusieurs fois. Regroupez les tâches de même nature et planifiez vos journées.
- **La loi d'Illich** (productivité décroissante) – Au-delà d'un certain seuil, la productivité décroît: il faut savoir s'arrêter. Définissez les moments les plus productifs, luttez contre le perfectionnisme.
- **La loi de Parkinson** (dilatation du travail) – Une tâche finit par occuper toute la place qu'on lui laisse. Fixez un «budget» temps par tâche et imposez des dates limites.
- **La loi de Laborit** (plaisir et déplaisir) – Une tâche plaisante est toujours plus attirante qu'une tâche déplaisante. Attaquez les tâches difficiles le plus tôt possible dans la journée et terminez par les plus faciles.

▶ | CONSEIL

Pour optimiser votre organisation et votre gestion du temps, vous devez intégrer aux cinq lois précédentes trois composantes à prendre en compte pour l'atteinte de vos objectifs et la réalisation de vos actions:

- **Vous-même**, dans votre façon de gérer votre temps et votre organisation. Apprenez à **connaître vos travers** et à **les corriger**.
- **Vos clients**, qui posséderont leur propre notion du temps. Imposez-vous **des délais, des durées et des priorités** pour l'urgent et l'important (cf. outils).
- **Les événements extérieurs** (autres services, clients, fournisseurs…). Intégrez des **zones «tampons»** dans votre agenda, ne compressez pas le temps pour pouvoir faire face à l'imprévu.

Les best practices

Best practice	AVANTAGES	LES + CONSEILS	INCONVÉNIENTS
Planifier votre activité	• Permet d'organiser votre gestion du temps et vos priorités. • Vous laisse le temps de travailler votre administratif.	+ Apprenez à connaître vos travers personnels. + Observez ce qui semble s'organiser efficacement pour en tirer profit. + Formalisez les tâches et définissez l'urgent et l'important.	Les principaux travers: • Dispersion: papillonner d'une tâche à l'autre. • Procrastination: remettre au lendemain. • Travail sous pression: stresse votre entourage. • Perfectionnisme: la perfection est par définition inatteignable.
Organiser votre travail	• Aide à la réussite de vos entretiens de vente. • Favorise une prise de hauteur. • Permet une bonne répartition des tâches quotidiennes et hebdomadaires.	+ Imposez-vous des délais. + Sachez dire non quand c'est nécessaire. + N'hésitez pas à demander de l'aide à votre manager ou à vos collègues. + Restez rationnel et factuel.	• Ne pas investir du temps, c'est commencer à en perdre définitivement. • Le facteur émotionnel perturbe une organisation structurée.
Anticiper les événements	• Est possible, les événements du quotidien étant souvent prévisibles. • Vous permet d'imposer votre gestion et votre organisation aux événements extérieurs.	+ Intégrez des zones tampons dans vos activités pour faire face à l'imprévu (laissez-vous le temps de souffler pour mieux repartir). + Revenez régulièrement sur la durée de vos tâches «classiques» pour en connaître le temps.	• Lorsque le temps est compressé au maximum, l'imprévu devient un stress négatif et nuit à la qualité du travail. • Dans certains cas, il est difficile, voire impossible d'imposer son organisation face aux événements extérieurs.

Les ressources, en interne ou en externe

EN INTERNE

Communiquez avec les autres commerciaux de l'entreprise et interrogez-les sur leur façon d'organiser leurs tournées (qu'est-ce qui est important, qu'est-ce qui est urgent?).

Rencontrez votre manager et présentez-lui votre planning; il sera plus à même de comprendre vos contraintes et vous aidera à les gérer et à fixer vos priorités.

Beaucoup de messageries d'entreprise (Outlook...) permettent de **«partager» son agenda électronique avec d'autres utilisateurs**. Cela vous permettra de visualiser le «temps des autres» et d'en tenir compte lors de vos actions de planification.

EN EXTERNE

Éduquez vos clients (tout est à faire pour hier!), expliquez vos contraintes et ne compressez pas le temps. Apprenez à dire «non» en donnant des explications. Si vous donnez l'habitude de répondre en 24 heures, ce délai deviendra une référence dans tous les cas de figure; si vous répondez au téléphone jusqu'à 21 h, ils ne comprendront pas pourquoi il n'en est pas ainsi tous les jours. À vouloir trop en faire, on finit par ne plus bien faire. **C'est vous qui fixez les limites!**

Les outils

L'agenda est l'outil indispensable du commercial.

La matrice conçue par le général Eisenhower se transpose très bien dans le monde de l'entreprise pour organiser et gérer son temps et celui de son équipe. Intégrez dans cette matrice **vos activités quotidiennes**.

	Urgent	Peu urgent
Important	• Activités critiques. • Activités urgentes et importantes.	• Activités stratégiques, préparation de l'avenir, prévention des problèmes. • Ressourcement personnel et acquisition de compétences.
Peu important	• Activités à planifier, à déléguer. • Activités à remettre en question.	• Activités secondaires pouvant être supprimées.

Le budget

Investissez dans un **agenda** et servez-vous en !

Commandez tout ce qui vous sera nécessaire pour le **classement** vertical, horizontal et pour l'**archivage**, un tableau blanc ou de grandes feuilles à accrocher sur le mur pour l'**affichage de vos objectifs** et des tableaux pour vos **indicateurs de performance**... S'organiser ne coûte pas cher; au contraire, cela permet de gagner du temps et de l'argent.

Les limites

Tout est toujours urgent et important, en tout cas en apparence. Ne pas prendre le temps de s'arrêter et de faire le tri est un acte symptomatique de nombreux commerciaux. Trouver des excuses pour ne pas avoir le temps de faire est toujours plus simple que de **trouver une solution pour remettre en cause sa façon de gérer son temps**.

Soyez rigoureux dans votre organisation et dans votre gestion pour faciliter votre travail du quotidien. Gardez-vous une marge de manœuvre pour la gestion de votre temps, mais imposez-vous **des objectifs, des délais et une durée**.

▶ | CRITÈRES DE MESURE DE LA RÉUSSITE

- Vous vous consacrez à votre **cœur de métier** en priorité et vous ne vous laissez pas déborder par **le superflu**.
- Vous ne vous laissez pas interrompre dans vos activités.
- Vous planifiez vos activités et vos priorités toutes les semaines.
- Vous planifiez vos tâches les plus difficiles dès le début de la journée.
- Vous avez défini **vos moments de productivité** dans la semaine.
- Vous fixez des délais et des budgets temps.
- Vous intégrez **des «zones tampons»** dans votre agenda.
- Vous avez défini **la gestion des priorités** et répertorié ce qui est urgent/non urgent et important/non important.

LE PLANNING

EN AMONT

J–7 ● **PLANIFICATION DES MISSIONS ET DES TÂCHES**

- Prenez le temps de définir vos missions et organisez vos activités pour la semaine (par quoi commencez-vous, avec qui allez-vous travailler, quel travail devez-vous terminer en priorité, quand classer, quoi noter, quoi transmettre, quel reporting...).
- Faites de même pour vos tâches journalières et définissez vos priorités (urgent/important).
- Définissez un délai de réalisation pour chaque tâche.
- Fixez-vous des délais de réalisation.
- Utilisez les outils à votre disposition, comme une application mobile de « gestion de tâche » du type « to do list », pour suivre vos réalisations quotidiennes et reporter automatiquement la tâche non réalisée.

LE JOUR J

● **RESPECT DE VOTRE PLANNING**

- Indiquez sur votre agenda votre planning de la semaine, précisez les priorités, l'urgence et l'importance.
- Contrôlez régulièrement vos réalisations et les délais.
- Changez, si nécessaire, vos priorités.

EN AVAL

J+1 ● **AJUSTEMENTS**

- Redéfinissez vos priorités.

J+25 ● **PLANIFICATION DES MISSIONS ET DES TÂCHES FUTURES**

- Préparez votre planification des tâches, les objectifs, les délais, l'urgence et l'importance pour le mois à venir.

→ OBJECTIF 09

Manager ses commerciaux

Pour certains commerciaux, l'aboutissement de leur carrière est de pouvoir **manager un jour d'autres commerciaux**.

Il est nécessaire de rappeler que le meilleur vendeur ne fera pas forcément le meilleur manager, que celui qui fait le plus de chiffre d'affaires individuellement peut faire le moins de chiffre dans sa région.

Certes, la connaissance métier est importante, mais elle ne fait pas tout et **ne répond pas à la façon dont on peut gérer l'humain**.

Le meilleur musicien n'est pas forcément capable de diriger un orchestre.

Prenez le temps d'**apprendre à diriger, à motiver et à accompagner des Hommes** avant de vous lancer. Bon nombre de « jeunes managers » abandonnent après des échecs répétés en management, pensant qu'ils ne sont pas faits pour ça.

Cet objectif a pour but de donner aux commerciaux qui souhaitent évoluer vers des postes d'encadrement **des bases de départ**.

Vous pourrez également retrouver, de façon plus détaillée, l'ensemble des missions et des rôles du manager dans notre ouvrage To Do List Management qui, bien que plus généraliste, vous fournira plus d'informations.

PLAN D'ACTION 37 Poser le cadre à ses commerciaux

Le rôle du cadre, au sens «encadrant», est la première pierre nécessaire au management de vos commerciaux.

Le but

→ Définir les limites à ses commerciaux et les appliquer fermement!

Poser et faire respecter un cadre permet de définir **le périmètre d'autonomie de vos commerciaux** en leur signifiant les «frontières».

Le cadre règle leurs actes sur le terrain et en entreprise, il définit leurs missions et leurs tâches. Il donne **une cohérence et un sens au travail de chacun**.

▶ | CE QUI FAIT LA DIFFÉRENCE

De par leur métier, les commerciaux sont souvent livrés à eux-mêmes, il est donc primordial qu'ils ressentent votre présence managériale au quotidien.

Discipline et tolérance zéro: sans vous montrer ridiculement inflexible ni créer un dictionnaire des règles, vous avez affaire à une équipe et non à une seule personne.

Un écart autorisé deviendra deux écarts, puis trois, etc.

Si vous laissez un seul de vos commerciaux déroger aux règles, il apparaîtra normal aux yeux des autres que vous l'acceptiez aussi pour le reste de l'équipe.

▶ | CONSEIL

- **Posez le cadre rapidement** avec vos commerciaux.
- **Faites évoluer ou déplacez ponctuellement le cadre**, mais seulement à votre initiative.
- **Évitez un cadre trop rigide** qui empêche la créativité.
- **Évitez de recadrer un collaborateur pour qui le cadre de départ n'a pas été clairement défini**; il peut alors s'agir d'une erreur et non d'une faute!
- **Sanctionnez immédiatement** et sans appel les «hors-jeu».
- En cas d'incertitude sur l'action à entreprendre, posez-vous simplement la question: «La règle a-t-elle été respectée?». Si la réponse est non, réagissez immédiatement et mettez-y un terme.

Les best practices

Best practice	AVANTAGES	LES + CONSEILS	INCONVÉNIENTS
Faire connaître le cadre	• Permet à vos commerciaux une action rapide, en facilitant leur prise de décisions. • Apporte de la rigueur.	+ Apprenez et utilisez les ressources internes de l'entreprise.	• Risque d'une perte de prise d'initiative. • Manque de créativité dû à une possible vision unique.
S'assurer de la bonne compréhension du cadre	• Agit comme un antistress pour votre équipe et contribue à la gestion émotionnelle. • Apporte des solutions au commercial qui inscrit son activité dans un domaine de responsabilité bien défini, régi par des normes, des règles claires.	+ Utilisez le cadre en tant que support sur lequel vous appuyer, mais surtout pas comme un carcan.	• Risque de s'enfermer dans le cadre, les règles, les normes (perte de créativité). • Tendance à tout factualiser. • Risque d'un raisonnement unique.
Appliquer et faire respecter le cadre	• Favorise le respect de chacun, le sentiment de justice et la défense de l'équité. • Montre votre exigence envers vos collaborateurs.	+ Appliquez le cadre immédiatement et sans appel. + Sanctionnez verbalement, puis par écrit. + Pour sanctionner, prenez en compte la fréquence et la gravité.	• Rigidité qui peut apparaître. • Risque de démotivation. • Lassitude qui peut surgir du fait d'une certaine routine.

Les ressources, en interne ou en externe

EN INTERNE

Les **ressources nécessaires au bon respect du cadre** sont:

- le contrat de travail de chaque commercial et les avenants;
- son mode de rémunération (fixe, primes, pourcentages...);
- sa fiche de poste, le descriptif de fonction ou le référentiel de compétences;
- le règlement du site et du service;
- le règlement intérieur de l'entreprise;
- la convention collective.

Ces ressources peuvent être disponibles, selon l'entreprise, auprès du service RH ou du service juridique.

EN EXTERNE

S'il n'existe pas de **formalisation de contrat de travail**, vous pouvez en télécharger des exemples sur **www.netpme.fr** (site payant) ou vous informer sur les principales caractéristiques des différents contrats de droit français sur **http://travail-emploi.gouv.fr**.

Un grand nombre de **fiches de poste** sont disponibles sur le répertoire opérationnel des métiers et des emplois (ROME), consultable sur **www.pole-emploi.fr**.

Vous trouverez également des informations relatives à la **création d'un règlement intérieur** pour votre site ou votre service sur **www.juritravail.com**.

Enfin, vous pouvez consulter les **conventions collectives** qui régissent votre activité sur **www.centre-convention-collective.com**.

Les outils

Préparez un dossier pour chaque commercial comprenant, par exemple, les éléments suivants:

- le règlement intérieur de votre service et/ou de votre entreprise;
- les descriptifs de fonction ou fiches de poste de vos collaborateurs afin que chacun identifie clairement ses domaines de responsabilité;
- la procédure de demande et de validation de congé;
- la procédure de remboursement des frais professionnels;
- l'organigramme de la société (respect des niveaux hiérarchiques);
- un tableau de suivi de ses affaires et de son chiffre d'affaires…

Formalisez dans un document, le plus simple possible, **les différentes règles et procédures importantes régissant votre activité**, par exemple:

- la procédure d'enregistrement d'un nouveau contrat client;
- les délais de réponse à une demande client;
- le process ou la norme de validation spécifique à votre activité.

Ce dossier constituera une «bible» de référence pour votre équipe, mais aussi un document très utile lors de l'intégration d'un nouveau commercial, composant ainsi un véritable «mode d'emploi» de son activité et de l'entreprise.

Le budget

Il n'existe pas à proprement parler de budget pour développer ses compétences de cadre.

Les **formations externes** restent un investissement solide pour apprendre à poser un cadre au sein de son équipe.

Les limites

Trop de règles tuent les règles! En effet, il est important, voire confortable, de s'appuyer sur un ensemble de normes définissant votre activité où chaque personne de votre équipe identifie précisément son rôle et sa mission, mais n'oubliez pas que les commerciaux ont besoin d'indépendance et d'autonomie.

Les règles sont aussi faites pour être assouplies; vous devrez souvent faire preuve de flexibilité en acceptant de déplacer ponctuellement le cadre. Mais attention, c'est à vous, et uniquement à vous, d'en décider!

En outre, **un cadre trop rigide risque de limiter les capacités** de vos commerciaux qui n'oseront pas être force de proposition en suggérant des solutions (marge de négociation, services clients…) souvent profitables à votre organisation.

CRITÈRES DE MESURE DE LA RÉUSSITE

- Votre équipe est **consciente de son périmètre de fonction et de responsabilité**.
- Ils sont **autonomes**, mais connaissent les limites.
- Vos collaborateurs sont **rigoureux dans leur travail et leurs responsabilités**.

LE PLANNING

EN AMONT

J–60 ● **RESSOURCES ET OUTILS**

- Prenez rendez-vous avec la DRH ou le service juridique de votre structure afin de récupérer les éléments suivants: contrats, descriptifs de fonction, référentiel de compétences, règlement intérieur... Prenez-en connaissance!
- Créez vos propres documents spécifiques aux règles, normes et process régissant votre activité, par exemple: horaires de fonctionnement, processus d'enregistrement détaillé d'un contrat, délais de réponse client... Faites-les valider par votre hiérarchie si nécessaire.

J–30 ● **CRÉATION D'UN DOCUMENT DE RÉFÉRENCE**

- Regroupez l'ensemble de ces éléments sous forme d'une «bible – mode d'emploi». Simple et pratique, ce document doit être compréhensible par tous et constituer un document de référence. Il sera particulièrement utile lors de l'intégration d'un nouveau commercial au sein de votre équipe.

J–20 ● **RÉUNION DE «CADRAGE DE L'ACTIVITÉ»**

- Organisez une réunion dédiée ou profitez d'un événement déjà planifié, du type «bilan de l'opération xx», au sein duquel vous réserverez un moment à la présentation de votre document.

J–10 ● **ÉLABORATION D'UNE PRÉSENTATION**

- Préparez-vous à présenter à l'oral votre document en synthétisant votre discours (allez à l'essentiel) et en donnant du sens à chacune de vos idées afin que votre équipe en perçoive facilement le bénéfice. Éventuellement, préparez une présentation PowerPoint reprenant les messages clés.

LE JOUR J

● **PRÉSENTATION DE VOTRE DOCUMENT**

- Présentez à l'équipe votre document d'organisation générale de l'activité. Procédez par étapes en abordant, dans un premier temps, ce qui concerne l'ensemble des participants, puis ce qui relève du spécifique pour chaque collaborateur.
- Restez positif dans vos propos, faites reformuler vos commerciaux afin de vous assurer qu'ils ont bien compris ce que vous attendiez d'eux. Marquez le plus nettement possible les limites du cadre que vous leur donnez

---

EN AVAL

J+1 ● **MISES AU POINT INDIVIDUELLES**

- N'hésitez pas à rencontrer individuellement vos collaborateurs afin de réaliser un «focus» plus précis sur ce qui les concerne plus particulièrement.
- Au quotidien: faites vivre le cadre par votre exemplarité! Il n'y a pas de meilleures règles que celles que l'on applique à soi-même

J+30 ● **BILAN ET AJUSTEMENTS**

- Tirez un premier bilan en termes de forces et de faiblesses de la «nouvelle» organisation de votre activité. Éventuellement, mettez en œuvre quelques actions correctives et «déplacez» le cadre si vous le jugez nécessaire, Bien sûr, tenez votre équipe informée des nouvelles évolutions.

PLAN D'ACTION 38

Manager et suivre au quotidien

Un manager gère la performance et la motivation de ses commerciaux.

Le but

→ Permettre aux commerciaux de **garder une ligne directrice et une motivation quotidienne**.

Pour atteindre **un bon niveau de performance** de ses commerciaux, le manager doit **fixer des objectifs**. Avec un objectif, vos collaborateurs ont un but. Avec un but, ils comprennent le sens et, s'il y a du sens, leur motivation est renforcée.

▶ | CE QUI FAIT LA DIFFÉRENCE

Fixer **des objectifs réalistes** signifie que vous savez ce que votre équipe est capable de faire et ce que vous attendez de chacun.

Un manager fixe **des objectifs quantitatifs**, mais aussi **qualitatifs**. Il gère du chiffre, des résultats, des indicateurs, mais également les compétences et les comportements de ses collaborateurs qu'il fait progresser et qui représentent l'image de l'entreprise.

Vous ne pouvez fixer des objectifs pertinents à votre équipe qu'à partir du moment où vous disposez d'**un outil de suivi et de pilotage de votre activité**.

▶ | CONSEIL

Utilisez la méthode **SMART** pour fixer vos objectifs:

- **S** comme **Spécifique** – Un objectif doit être clairement identifié par le commercial, qui doit savoir ce qu'il représente dans son métier et dans l'entreprise.
- **M** comme **Mesurable** – Le commercial est capable de mesurer la progression de son objectif: «Je pars d'où pour arriver où?»
- **A** comme **Atteignable** – L'objectif est réaliste, il ne doit être ni facile ni difficile. Atteindre un objectif avec des efforts motive les équipes et génère de la fierté.
- **R** comme **Réalisable** – Le commercial possède les compétences et les comportements nécessaires à l'atteinte de cet objectif: «Je ne peux réaliser ce que je ne sais pas faire.»
- **T** comme **Temporel** – Déterminez une échéance et un délai: marquer le temps permet au commercial de se repérer et de ne pas relâcher ses efforts. Ce point est essentiel pour les commerciaux qui ont tendance à se disperser rapidement.

Les best practices

Best practice	AVANTAGES	LES + CONSEILS	INCONVÉNIENTS
Communiquer vos objectifs	• Permet de vous appuyer sur des objectifs quantitatifs et qualitatifs. • Gère la motivation de votre équipe en créant des points de succès.	+ Communiquez les objectifs de manière positive en démontrant qu'ils sont réalistes et atteignables.	• Ne s'appuyer que sur des chiffres en oubliant le «comment faire».
Fragmenter l'objectif principal en sous-objectifs	• Permet de gérer le court, le moyen et le long terme. • Donne des indicateurs de performance intermédiaires.	+ Veillez à ce que vos sous-objectifs secondaires soient réalistes et atteignables.	• Passer trop de temps à gérer des indicateurs de performance en oubliant la dimension humaine du métier de manager.
Donner du sens aux objectifs	• Inscrit l'objectif quantitatif et/ou qualitatif dans la stratégie plus globale de l'entreprise.	+ Faites en sorte que l'objectif soit compris et accepté par tous les membres de l'équipe.	• Faire courir le risque de ne vivre que pour atteindre l'objectif

Les ressources, en interne ou en externe

EN INTERNE

Pour la **fixation d'objectifs quantitatifs**:

- Récupérez l'historique (N-1, N-2) des réalisations des années précédentes: chiffre d'affaires global, résultats individuels. Vous disposerez ainsi d'un point de départ concret pour fixer de nouveaux objectifs, ambitieux mais avant tout réalistes.
- Identifiez les indices de performance nécessaires à l'atteinte des objectifs. Par exemple, intéressez-vous au nombre de rendez-vous pris par vos commerciaux par semaine, à leur taux de signature. Ce sont autant d'éléments qui vous permettront de développer la performance de votre équipe pour réussir à atteindre l'objectif principal.

Pour la **fixation d'objectifs qualitatifs**:

- Récupérez les enquêtes de satisfaction client en matière de services, de qualité, de vente, si elles existent, et intéressez-vous à tous les critères qualitatifs améliorables dans votre activité: délais de livraison, de traitement d'une commande, de règlement d'un litige…

EN EXTERNE

Abonnez-vous à des **magazines professionnels** traitant spécifiquement de votre activité. Les nombreuses informations quantitatives proposées vous permettront d'affiner vos objectifs (tendance d'un marché, d'un segment, performance d'un concurrent…).

N'hésitez pas à rencontrer vos homologues (petit-déjeuner professionnel, club d'affaires…) afin de **«benchmarker» votre activité**.

Les outils

Regroupez les éléments vous permettant d'analyser le plus factuellement possible la performance et les résultats de votre équipe:

- **Éléments quantitatifs**: historique des réalisations collectives et individuelles, tableaux de bord existants…
- **Éléments qualitatifs**: étude de satisfaction client, délais de livraison…

Synthétisez l'ensemble de ces éléments en vous concentrant sur ce que vous estimez être le plus important. **Créez-vous**, dans la mesure du possible, **un document unique (type tableau de bord)**, simple, lisible et facile à administrer, pour suivre au quotidien la performance et les résultats de votre équipe, tant sur le plan individuel que collectif.

Ce document, d'une aide précieuse, vous aidera à piloter la performance de votre équipe et à mettre en place, le cas échéant, les actions correctives nécessaires à l'atteinte de l'objectif.

Le budget

La création d'un tableau de bord de suivi de la performance et des objectifs de votre équipe ne nécessite **pas d'investissement budgétaire particulier**. Vous disposez généralement des informations nécessaires à son élaboration au sein même de votre structure.

Votre seul investissement est le temps que vous consacrerez à son élaboration, puis à son administration.

Les limites

Vous managez des commerciaux certes, mais ce sont avant tout des êtres humains: n'oubliez pas que **les chiffres ne font pas tout**! Ce sont des indicateurs vous permettant d'accompagner votre équipe vers la réussite.

Par exemple, si vous partez en vacances en voiture, votre objectif est bien de rejoindre votre destination! La vitesse à laquelle vous roulez, la consommation du véhicule, la durée du trajet, le nombre de pauses… ne sont qu'un ensemble d'informations (indices de performance) vous permettant d'arriver à bon port dans les meilleures conditions.

En outre, bien d'autres facteurs rentrent en ligne de compte dans la **capacité que vous avez à atteindre un but**: l'environnement, les préoccupations du moment, le niveau de compétence et de confiance en vous…, sont des paramètres que vous devrez aussi gérer pour obtenir des résultats.

CRITÈRES DE MESURE DE LA RÉUSSITE

- Les objectifs sont **clairs** pour l'ensemble de l'équipe en termes de résultats attendus.
- Les objectifs individuels sont **réalistes et acceptés par chacun**.
- La **visibilité** est améliorée sur l'ensemble de votre activité.
- Vous pilotez facilement **la performance** de votre équipe pour atteindre vos objectifs.
- Vous vous appuyez sur des **éléments factuels** pour former et accompagner vos commerciaux vers la réussite.
- Vous avez une **vision qualitative et quantitative** de l'activité de vos commerciaux.

LE PLANNING

EN AMONT

J–30 ● RECUEIL ET TRI DES INFORMATIONS

- Regroupez l'ensemble des éléments quantitatifs et qualitatifs disponibles: tableaux de bord, résultat N-1, performance des commerciaux…
- Analysez et déterminez les indices de performance essentiels pour la conduite de votre activité (nombre de rendez-vous nécessaire, nombre de contrats à réaliser…).

J–20 ● ÉLABORATION D'UN TABLEAU DE BORD

- Synthétisez en un seul document, le tableau de bord, les éléments permettant le suivi de votre activité.
- Déterminez les objectifs de l'équipe (collectifs et individuels) et les indices de performance à «surveiller» favorisant l'atteinte de l'objectif.
- Qualifiez votre tableau de bord (mise à jour) avec les éléments disponibles.

J–15 ● PRÉPARATION DE LA PRÉSENTATION DES OBJECTIFS

- Planifiez, avec l'équipe, la date et le déroulé de cette réunion de présentation (ou profitez d'une réunion habituelle du type «point hebdomadaire» si elle existe).

J–10 ● PRÉPARATION PRATIQUE

- Révisez votre présentation en insistant sur les points les plus importants.
- Prévoyez un dossier par participant ainsi qu'un «mode d'emploi» d'utilisation du tableau de bord. Le dossier participant mettra en évidence les éléments «variables» que devra vous fournir l'équipe pour administrer ce tableau de bord (par exemple, nombre de rendez-vous, nombre de dossiers en cours, ventes réalisées…).

LE JOUR J

● RÉUNION D'ACTIVITÉ

- Exposez aux membres de votre équipe les objectifs, les indices de performance…, en étant positif.
- Donnez du sens en les impliquant au maximum: ils doivent très concrètement percevoir les vertus et les bénéfices de ce tableau dans l'accomplissement de leur mission. Attention, ce genre d'outil peut rapidement être perçu comme du «flicage» si l'individu ne comprend pas précisément en quoi l'outil peut l'aider.
- Humanisez la relation au maximum en mettant en évidence votre disponibilité à les accompagner.

EN AVAL

J+1 à J+7 ● COLLECTE DES RÉSULTATS

- Récupérez les éléments variables pour administrer et qualifier votre outil de suivi quotidiennement auprès de votre force de vente. Ajustez les objectifs si nécessaire et rencontrez vos collaborateurs individuellement chaque fois que le besoin s'en fait sentir.

J+8 à J+… ● MISE À JOUR

- Maintenez à jour votre tableau de bord et tenez-le à disposition de votre équipe: chacun doit pouvoir mesurer le chemin lui restant à accomplir pour atteindre ses objectifs.

PLAN D'ACTION 39 Utiliser les indicateurs commerciaux

Pour atteindre ses objectifs, il est nécessaire de posséder des indicateurs qui permettent de se repérer dans son activité.

Le but

→ Posséder des indicateurs de performance qui correspondent à **des «points de passage» obligatoires** pour vos commerciaux et contribuent à **l'atteinte de leurs objectifs**.

Il est donc essentiel que vous sachiez définir et utilisez vos propres indicateurs de performance métier.

CE QUI FAIT LA DIFFÉRENCE

Sans indicateurs, vous comprendrez difficilement ce qui a permis ou empêché vos commerciaux d'atteindre des objectifs. Ces mêmes indicateurs sont reliés aux compétences de vos collaborateurs, permettant donc de **connaître les raisons des échecs**, mais aussi **les possibilités de les corriger**.

Ces indicateurs sont souvent exprimés en valeurs ou en pourcentages et reliés à un délai de réalisation.

Attention! Un indicateur de performance n'est pas un objectif et ne doit pas être manager comme tel. Il reste un moyen de comprendre et d'analyser l'atteinte ou non d'un objectif.

CONSEIL

Pour chacun des objectifs à atteindre, **utilisez des indicateurs de performance**. Mettez en place, par exemple, des indicateurs correspondant au nombre de RDV pris (10 RDV par semaine), au nombre de contrats signés (1 signature tous les 4 RDV), à la moyenne de CA généré à chaque RDV (10 000 €/client)…

En somme, dans cet exemple d'indicateurs, votre commercial doit générer un CA mensuel de 80 000 € (2 contrats/semaine x 4 semaines x 10 000 €).

À partir de ces éléments, vous pourrez aisément savoir si l'atteinte des objectifs est réalisable et, si ce n'est pas le cas, en connaître les raisons, qui sont souvent liées à **des problèmes de compétences des équipes**.

Les best practices

Best practice	AVANTAGES	LES + CONSEILS	INCONVÉNIENTS
Identifier les IDP	• Structure et organise le travail de chacun. • Permet aux collaborateurs de mieux comprendre comment atteindre les objectifs. • Vous permet de formaliser efficacement votre plan d'action.	+ Identifiez vos IDP en étudiant vos objectifs et en analysant grâce à quelles actions ils sont atteints habituellement. + La résultante de vos IDP doit vous donner votre objectif.	• Identifier des indicateurs inutiles à l'atteinte de l'objectif. • Ne pas donner un sens pour chaque IDP (son utilité, sa raison d'être…). • Penser qu'il n'existe pas d'IDP pour l'atteinte de ses objectifs.
Créer les IDP	• Fixe une valeur factuelle pour le travail de chaque collaborateur. • Permet de suivre concrètement les efforts ou les réussites de chacun.	+ Vos IDP ne concernent pas seulement un collaborateur mais toute l'équipe. + Donnez du sens à vos IDP en les rattachant systématiquement aux objectifs à atteindre.	• Créer trop d'IDP ou des IDP inutiles. • Utiliser les IDP comme objectifs et non comme moyens pour les atteindre.
Donner du sens aux IDP	• Permet aux commerciaux de comprendre leur usage. • Donne du souffle et un renouveau dans l'atteinte de l'objectif. • Donne une direction.	+ Expliquez clairement et concrètement à quoi servent les indicateurs mis en place. + Faites le rapport entre les actions des collaborateurs et chaque IDP, et comment ils les influencent.	• Penser que la connaissance des IDP «va de soi» et que tous les collaborateurs ont bien compris à quoi ils servent. • Faire un usage routinier des IDP qui finissent par perdre leur sens.
Animer les IDP	• Permet de focaliser sur les IDP prioritaires. • Fait vivre l'objectif par des actions précises. • Dynamise les chiffres. • Apporte une relation factuelle entre objectif et compétences à mettre en œuvre pour l'atteindre.	+ Concentrez vos actions sur 1 ou 2 IDP et rendez-les prioritaires pour l'atteinte de l'objectif. + Restez vigilant sur les autres IDP, ils peuvent pâtir du focus réalisé ci-dessus. + Indiquez que vous allez accompagner (contrôler) vos collaborateurs sur ces IDP jusqu'à l'atteinte de l'objectif.	• Afficher ses IDP sans verbaliser les actions à mettre en œuvre. • Intervenir sur les IDP seulement quand il y a urgence. • Ne pas être exigeant et ne pas montrer que l'on contrôle la progression vers l'atteinte des objectifs.

Les ressources, en interne ou en externe

EN INTERNE

Renseignez-vous auprès du service informatique de votre **entreprise**, il peut être en possession des statistiques de votre activité.

L'**administration des ventes** dispose aussi très souvent d'indicateurs riches d'enseignement en termes de performance commerciale.

EN EXTERNE

Certains de vos concurrents ont très certainement créé des IDP. Renseignez-vous sur la façon dont ils sont utilisés et intégrez-les aux vôtres.

Si l'utilisation des IDP est peu fréquente dans votre secteur d'activité, tournez-vous vers d'autres sociétés et faites un parallèle avec vos objectifs. Quelques exemples d'IDP: l'indice de vente (IV) correspond au nombre d'articles achetés par un client, le panier moyen (PM) représente la moyenne d'achat en euros par client, le taux de concrétisation (TC) est le pourcentage du nombre de clients ayant acheté par rapport au nombre de visites réalisées…

Les outils

La pyramide suivante vous permet de suivre le **processus d'utilisation des IDP**.

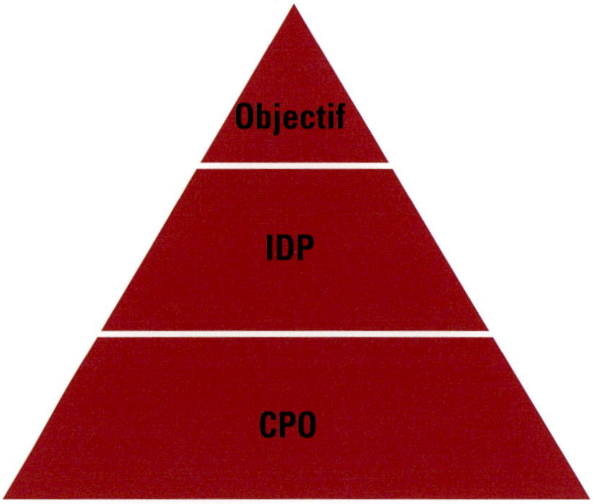

Valeur à atteindre

Indicateurs permettant d'atteindre l'objectif

Comportements professionnels observables (techniques de vente) du commercial permettant l'atteinte de ses IDP

Le budget

Les IDP sont simples d'utilisation et ne requièrent **pas d'investissement particulier**. Certaines entreprises disposent de systèmes informatisés permettant de sortir les ratios liés au travail de chacun afin d'améliorer l'efficacité des ventes et, surtout, de comprendre ce qui a freiné ou empêché l'atteinte des objectifs.

Vous pouvez réfléchir à investir dans un **progiciel de pilotage spécifique** à votre activité (CRM, SIRH…). Le coût est très variable et dépend généralement des développements particuliers que vous demanderez à votre prestataire informatique pour répondre parfaitement à vos attentes.

Les limites

Certains managers utilisent les IDP comme des objectifs («Tu dois réaliser 1 vente pour 4 visites clients»…), alors que ce ratio (1 sur 4) doit permettre au collaborateur de comprendre comment il peut atteindre ce résultat en terme de chiffre d'affaires. Les IDP doivent être suivis d'une **formation** et les collaborateurs **accompagnés dans leur compréhension**. Dans le cas contraire, les IDP deviennent la bête noire des équipes qui vont chercher à tout prix à les atteindre au détriment des objectifs eux-mêmes. Vous risquez, dans ce cas, de vous retrouver confronté à **des résultats tronqués ou gonflés artificiellement**.

▶ | CRITÈRES DE MESURE DE LA RÉUSSITE

- L'utilisation de vos IDP vous donne le **moyen d'atteindre vos objectifs**.
- Vous avez expliqué les IDP à vos collaborateurs, et leur avez **donné du sens**.
- Ils peuvent être **utilisés par tous vos commerciaux**.
- Ils sont **liés aux compétences et comportements** de vos commerciaux.

LE PLANNING

EN AMONT

J–90 ● **IDENTIFICATION DES IDP**

- Identifiez vos IDP en fonction de vos objectifs. Que faut-il comme ratio, pourcentage, chiffre, etc., pour obtenir des résultats? Par exemple: un commercial a un objectif de 50 000 € de chiffre d'affaires à réaliser sur le mois. Les IDP utilisés sont: la moyenne du CA par contrat (par exemple, 5 000 €), le nombre de contrats qu'il doit signer (dans l'exemple 10, 50 000/5 000), le nombre de signatures par rapport au nombre de clients visités (par exemple, 1 signature pour 5 clients). Il devra donc rencontrer 50 clients physiquement pour obtenir ces 50 000 € de CA. Cet exemple peut aller plus loin si l'on tient compte du taux de relance, du taux d'annulation, d'un nombre de contrats par client...

J–30 ● **TEST**

- Évaluez des moyennes pour démarrer votre process et testez-les sur un mois.
- Récupérez des bases de chiffres des mois précédents.

J–15 ● **CORRECTIONS**

- Corrigez vos ratios si nécessaire et préparez la présentation que vous ferez à votre équipe.

LE JOUR J

● **PRÉSENTATION DES IDP**

- Présentez les IDP à votre équipe, et donnez du sens et l'explication de chaque IDP.
- Valorisez les IDP comme étant un moyen de comprendre l'activité de chacun, à seule fin de mieux accompagner votre équipe dans l'atteinte des objectifs.
- Échangez avec vos collaborateurs et utilisez votre analyse des trois derniers mois.

EN AVAL

J+5 à J+15 ● **SUIVI INDIVIDUEL**

- Rencontrez chacun de vos collaborateurs et échangez sur les IDP. Analysez les causes des réussites et des échecs. Comparez avec les résultats des autres collaborateurs.
- Repérez les compétences et comportements qui permettent à certains de réaliser leurs IDP et pas à d'autres. Ne jugez pas, centrez-vous sur des faits!
- Mettez en place un accompagnement ou une formation en fonction des éléments observés et de l'échange réalisé avec vos collaborateurs.

PLAN D'ACTION 40

Animer son équipe commerciale

L'animation de son équipe commerciale permet de ritualiser les pratiques et de favoriser ses rencontres avec les commerciaux.

Le but

→ Animer les objectifs annuels, mensuels, hebdomadaires et quotidiens pour **appuyer la présence du manager**, mais aussi **montrer son exigence et le contrôle nécessaire**.

L'animation régulière permet à l'équipe de **se situer dans le temps**. Elle doit également permettre à chacun d'être challenger et de ne pas relâcher ses efforts.

CE QUI FAIT LA DIFFÉRENCE

L'activité du commercial est intense et parfois difficile. La gestion de l'échec, l'énergie utilisée, la frustration… sont autant d'éléments nécessitant **une énergie positive récurrente**. Le manager est là pour fournir, par sa présence, ses rencontres, son accompagnement, les challenges qu'il met en place, ce goût de la compétitivité et la force de se relever après une cuisante défaite.

À titre collectif, l'animation démontre que le manager est toujours présent et qu'il encourage chacun à **se dépasser pour atteindre les objectifs visés**.

CONSEIL

Un commercial voit facilement le chemin qu'il lui reste à parcourir pour atteindre son objectif, mais pas forcément les moyens pour y arriver ou retrouver l'énergie pour aller au bout. Vous êtes là pour **le dynamiser** en permanence, **lui montrer et lui démontrer que l'objectif est toujours atteignable**.

L'animation de l'équipe se fait également par des récompenses et la valorisation de celui qui donne tout ce qu'il peut pour réaliser l'objectif défini. Faites **le lien entre vos commerciaux** et communiquez **une information saine et positive**.

N'hésitez pas à communiquer sur **les succès de l'équipe** pour entretenir un climat positif en renforçant la motivation individuelle et collective.

Les best practices

Best practice	AVANTAGES	LES + CONSEILS	INCONVÉNIENTS
Rencontrer	• Ritualise les points de rendez-vous dans le temps entre les commerciaux. • Favorise les échanges et les best practices.	+ Faites en sorte que vos commerciaux échangent leurs méthodes, leurs techniques, mais aussi partagent leurs difficultés.	• Risque de transformer son animation en réunion. • Peut faire ressortir des échecs aux yeux de tous.
Challenger	• Impulse un mouvement de compétition. • Développe un esprit de combativité.	+ Créez un challenge atteignable par tous. + Changez régulièrement la forme du challenge (le meilleur chiffre d'affaires, les ventes de qualité, le plus de contrats, la plus belle vente…).	• Peut démotiver les derniers. • Peut donner une mauvaise appréciation de l'atteinte de l'objectif.
Récompenser	• Donne une motivation supplémentaire. • Permet de récompenser l'effort et l'assiduité au travail.	+ Changez régulièrement la récompense (financière, jour de repos, cadeau en magasin, week-end offert…).	• Risque que le gagnant soit souvent le même. • Risque que la récompense ne soit pas à la hauteur de l'effort consenti.

Les ressources, en interne ou en externe

● EN INTERNE

Les **tableaux de résultats quantitatifs et qualitatifs**, les **indicateurs de performance** sont les premiers éléments qui vous permettent de définir votre animation commerciale.

Utilisez également **des points de rencontre au sein de votre entreprise** pour conserver une appropriation des lieux par vos commerciaux qui sont très souvent à l'extérieur.

Intégrez dans vos budgets un peu de ressources pour **organiser un pot ou fêter un événement** avec vos collaborateurs (naissances…).

Ce n'est pas grand-chose, mais les effets en termes de dynamique de groupe sont importants.

● EN EXTERNE

Un grand nombre de ressources externes existent pour animer vos commerciaux, comme les rencontres dans des lieux privilégiés, des repas collectifs, sur des sites en rapport avec votre activité…

Organisez ces **«coupures»** au moins une fois par mois pour les ritualiser; elles deviendront d'elles-mêmes des satisfactions et une récompense en soi.

Vous pouvez également organiser des **séminaires résidentiels** sous forme de « Team building » comprenant des activités fédératrices pour renforcer les motivations individuelle et collective.

Les outils

Vous aurez à disposition:

- **Votre tableau de bord contenant le CA de chaque commercial** (l'atteinte par le commercial de son objectif).
- **Le tableau de bord de l'objectif de votre secteur** (l'atteinte par tous de votre objectif).
- **Les indicateurs de performance** (le commercial qui concrétise le plus d'affaires en un minimum de visites, celui qui a fait la plus belle vente, celui qui a vendu le plus d'articles au même client, etc.).

Le budget

On imagine très souvent que l'animation d'une équipe nécessite un coût important, par exemple pour leur accorder une prime supplémentaire, offrir un cadeau… Cela peut effectivement être le cas, mais il existe **d'autres moyens de récompenser vos commerciaux** (jour de congé dans la semaine, priorité sur certains événements de l'entreprise…). Prévoyez néanmoins **un budget pour organiser quelques moments d'échanges conviviaux** (restaurants, séminaires…) qui favoriseront le développement d'un bon climat au sein des équipes.

Les limites

L'animation de votre équipe commerciale doit s'inscrire dans la durée et vivre au quotidien. Elle demande un **investissement en temps** de la part du manager, pour se préparer, récolter les informations régulièrement du terrain, contrôler les éléments fournis, les synthétiser et les communiquer à son équipe.

La gestion du quotidien, l'accompagnement individuel, les relations avec sa direction, l'administratif, les déplacements, les tableaux de bord à analyser… tous ces éléments contribuent à faire oublier au manager l'animation de son équipe.

CRITÈRES DE MESURE DE LA RÉUSSITE

L'envie de vos commerciaux de recommencer un challenge, une sortie… vous assure de la réussite de votre animation.

Plus ils vous interrogeront sur votre animation et se renseigneront sur la situation de vos challenges, plus vous gagnez en efficacité.

Il n'y a pas de meilleur manager que celui qui est **porté par son équipe**! Une équipe dynamique et motivée, où règne un bon état d'esprit, vous procurera beaucoup d'énergie.

Quand au meilleur critère d'animation, c'est celui qui vous permet d'atteindre les objectifs que vous vous êtes fixés…

LE PLANNING

EN AMONT

J–7

● **PRÉPARATION**

- Préparez vos animations pour le mois à venir: tableaux, récompenses, challenge, points de rencontre, participants…
- Définissez également la façon dont vous allez faire votre présentation à l'équipe.

J–5

● **INDICATEURS DE PERFORMANCE (IDP)**

- Transformez tous vos objectifs en indicateurs de performance afin de rendre le challenge atteignable et facilement compréhensible.
- Travaillez sur le sens que vous donnez à votre challenge, ainsi que sur les animations que vous allez réaliser sur le mois.

J–4

● **RENDEZ-VOUS**

- Convoquez votre équipe pour les informer des objectifs du mois, des IDP, du challenge et de vos points de rencontre.

LE JOUR J

● **PRÉSENTATION**

- Présentez à votre équipe, avec force et conviction, votre animation du mois et le ou les challenges s'y rattachant.
- Faites en sorte de rendre votre présentation participative afin de recueillir le ressenti de chacun et de connaître la façon dont vos commerciaux vont mettre en œuvre leurs actions.
- Restez ferme sur les objectifs, mais flexible sur les moyens de les atteindre.

EN AVAL

J+1 à J+…

● **AU QUOTIDIEN**

- Tenez à jour les résultats de vos commerciaux et contactez-les au moins une fois par jour ou tous les deux jours pour les débriefer et les accompagner.
- Maintenez leur motivation en associant un débriefing tant chiffré qu'humain.
- Donnez-leur la mesure de leur progression et indiquez-leur comment continuer à progresser.

PLAN D'ACTION 41

Accompagner ses commerciaux

Le manager développe et fait progresser les compétences de ses commerciaux.

Le but

→ **Former vos commerciaux** pour les faire progresser et leur donner **les moyens d'atteindre les objectifs** que vous avez fixés.

Un manager doit connaître les critères de compétences et de comportements de chacun de ses commerciaux pour savoir comment l'amener à performer.

Il est parfois nécessaire d'ôter sa casquette de manager pour **devenir pédagogue**, c'est-à-dire expliquer en détail, être patient, recommencer si nécessaire et faire preuve de tolérance.

Chaque commercial apprend à une vitesse différente et le manager doit en tenir compte.

▶ | CE QUI FAIT LA DIFFÉRENCE

Décomposez les compétences et capacités de vos collaborateurs en trois éléments distincts:

- **Le savoir**: les connaissances en technique de vente. Il structure et apporte de la méthode.
- **Le savoir-faire**: la mise en pratique des connaissances théoriques. Chaque personne adapte à sa façon la théorie et en tire un enseignement opérationnel.
- **Le savoir-être**: les comportements observables liés à l'environnement, au métier ou dans un contexte particulier, que vous souhaitez voir mettre en œuvre par l'ensemble de vos collaborateurs.

Dès lors que votre collaborateur possède ces trois éléments, il est dans la capacité de savoir agir, c'est-à-dire qu'il est capable de faire seul, d'être autonome, de répondre aux exigences de son métier.

▶ | CONSEIL

- Aidez-vous de la fiche de poste, du référentiel de compétences, voire du contrat de travail pour définir les compétences et les comportements attendus. Ensuite, mesurez **l'écart entre le nécessaire requis par le poste et le niveau de compétences de votre collaborateur**.
- Préparez votre accompagnement dans **sa globalité** puis morcelez-le **en chapitres ou modules**.
- Enfin, enseignez à votre commercial ce que vous attendez de lui en lui expliquant les **bienfaits de cette progression** dans son quotidien. Il doit en effet percevoir les bénéfices de vos recommandations pour les mettre en œuvre.

Les best practices

Best practice	AVANTAGES	LES + CONSEILS	INCONVÉNIENTS
Adopter un comportement bienveillant	• Permet de montrer une autre façon de manager. • Est l'occasion de connaître les compétences liées au métier de chacun de vos commerciaux.	+ Maîtrisez parfaitement le savoir que vous dispensez pour être crédible. + Soyez tolérant et patient, ce qui ne vous dispense pas d'être exigeant. + Assurez-vous que les fondamentaux sont connus «par cœur» par vos collaborateurs.	• S'enfermer dans la fonction du «gentil» manager. • Oublier qu'il existe aussi un cadre en formation.
Individualiser vos accompagnements	• Permet de définir les incompétences de vos collaborateurs. • Permet de faire preuve de patience, chaque individu apprenant à un rythme différent.	+ Appuyez-vous sur les forces de chacun pour travailler les faiblesses. + Répétez, cela favorise l'apprentissage: manager c'est former, et former c'est répéter…	• Penser qu'un individu connaît tout parfaitement. • Penser que former une fois un individu lui permet d'appliquer immédiatement.
Être pédagogue	• Permet de faire preuve de pédagogie et de patience. • Permet de suivre une trame, une logique.	+ Présentez d'abord la formation dans sa globalité, puis morcelée en «modules». + Assurez-vous que le «module» précédent est acquis avant de passer au suivant.	• Penser que la formation est la solution à toutes les problématiques. • Former à chaque erreur du collaborateur.

Les ressources, en interne ou en externe

EN INTERNE

Votre service RH dispose normalement de ressources pertinentes pour vous accompagner dans votre démarche (référentiel de compétences, fiches de poste, supports de formation existants)… Récupérez les **classeurs de formation métier** de votre entreprise (s'ils existent…).

Si certains sont trop anciens ou obsolètes, n'hésitez pas à leur donner un coup de jeune. Un support de formation est un véritable outil pour la progression de vos collaborateurs.

Construisez une **fiche de suivi des competences et des comportements** et effectuez un suivi hebdomadaire de chaque commercial. Servez-vous de ces fiches lors de votre entretien d'évaluation annuel pour appréhender le plus factuellement possible l'implication et les progrès de chaque commercial.

EN EXTERNE

Vous pourrez adapter aux métiers de vos commerciaux tout ce que vous trouverez à récupérer comme **classeurs, guides de formation**… à l'extérieur de votre entreprise.

De nombreux organismes de formation mettent en ligne des **plans détaillés de leurs modules de formation** qui vous permettront de structurer les vôtres!

Votre service RH dispose d'un budget annuel pour organiser des actions de formation et peut vous aider à sélectionner un prestataire externe pour organiser une **action de formation spécifique** que vous ne pouvez développer en interne.

Enfin, accompagnez vos commerciaux en clientèle pour comprendre leurs techniques de vente et débriefez-les pour les aider à progresser.

Les outils

Vous devez posséder pour chacun de vos commerciaux une **évaluation précise de son niveau de compétences**. À partir de ces évaluations, vous pourrez mettre en place vos plans de formation «*in situ*», par le service formation de votre entreprise ou par des organismes extérieurs.

Pour chaque formation, définissez précisément les **objectifs à atteindre** (deux à trois maximum), les **compétences attendues** et les **résultats souhaités**.

Notez de façon simple les compétences de vos commerciaux (par exemple, une couleur verte pour une compétence maîtrisée, orange si elle est encore en cours d'acquisition et rouge si elle est déficiente).

Le budget

«*In situ*» (sur votre lieu de travail et réalisé par vous ou par une personne de votre équipe), le temps consacré à la formation a un coût (environ 2 à 3 jours par domaine de compétences, soit en moyenne 1 500 à 2 000 €). Arrangez-vous pour positionner les temps de formation durant les moments de «creux d'activité».

Par votre service de formation interne, le coût est plus faible car une personne est dédiée à la formation et normalement spécialisée dans votre domaine.

Par un organisme de formation externe, le coût varie de 1 000 à 2 000 € la journée en moyenne. Veillez à ce que la formation, réalisée par des professionnels dans les domaines de compétences recherchées, soit également adaptée à votre secteur d'activité.

Les limites

«*In situ*», le temps est souvent une contrainte pour le manager et il n'est pas donné à tous les managers de savoir faire preuve de pédagogie sans y avoir été formés préalablement.

Par le service de formation interne, un manque de créativité et de remise à niveau de la formation peut se ressentir.

Par un organisme extérieur, les limites concernent souvent un manque d'adaptabilité au contexte et au secteur d'activité de l'entreprise.

Une dernière limite concerne le manager qui ne fait pas appliquer immédiatement les compétences de son collaborateur. **L'implication est nécessaire**.

CRITÈRES DE MESURE DE LA RÉUSSITE

- Votre collaborateur est capable **de vous parler de l'évolution de ses compétences et de les mettre en œuvre**. Il peut les appliquer dans son quotidien.
- Il applique ces nouvelles compétences immédiatement, en fait **usage dans son quotidien**.
- Le développement de ses compétences lui permet d'**atteindre plus aisément ses objectifs**. Elles favorisent son travail au quotidien. Il ressent un changement, un progrès, une amélioration.

LE PLANNING

EN AMONT

J–30 ● **ÉTAT DES LIEUX**

- Rédigez, à partir de la fiche de poste et de l'évaluation annuelle, une synthèse sous la forme d'un tableau des compétences de vos collaborateurs.
- Évaluez pour chacun d'entre eux l'écart entre ce que vous souhaitez et la réalité (soyez objectif et basez-vous sur des faits !).
- Définissez, dans cette liste de compétences, celles qui doivent être travaillées en priorité.

J–7 ● **PLANNING D'ACCOMPAGNEMENT**

- Établissez votre plan d'accompagnement pour chacun de vos commerciaux.
- Préparez vos supports de suivi et communiquez à votre équipe le planning d'accompagnement terrain. Indiquez les étapes, les objectifs, les personnes et le temps nécessaire.

LE JOUR J

● **ACCOMPAGNEMENT**

- Découpez votre accompagnement en plusieurs parties et communiquez les étapes réparties sur la semaine, le mois ou l'année.
- Accompagnez vos collaborateurs en reprécisant les objectifs et les délais pour la mise en œuvre.

EN AVAL

J+1 à J+7 ● **DÉBRIEFING**

- Échangez avec vos collaborateurs sur les résultats (qualitatifs) de votre accompagnement.
- Apportez des correctifs si nécessaire.
- Évaluez vos collaborateurs sur l'usage de ces nouvelles compétences.
- Formalisez cette évolution sur votre tableau de suivi de compétences personnalisé.
- Impliquez votre commercial dans la formalisation de votre document.

J+8 à J+... ● **PROCHAINES ÉTAPES**

- Définissez les prochaines étapes d'accompagnement avec vos commerciaux et formaliser les prochains rendez-vous.
- Contrôlez l'usage et la pratique des nouvelles compétences.

Collection Jut in Time
Commercial, par David Balzeau et Arnaud Moulin

www.vuibert.fr et **www.justintime.vuibert.fr**

ISBN 978-2-311-01255-2

Maquette de la couverture et de l'intérieur: Les Paoistes
Composition intérieure: Style Informatique
Responsable éditoriale: Caroline Roucayrol

Achevé d'imprimer en avril 2014 sur les presses de la SEPEC (France)
Numéro d'impression : 09463140306
Numéro d'éditeur : 2014_0509
Dépôt légal : avril 2014